LE
JUIF ERRANT

PAR

M. EUGÈNE SÜE

Tome Sixième

PARIS

PAULIN, ÉDITEUR
RUE RICHELIEU, 60

1845

LE
JUIF ERRANT.

OUVRAGES DU MÊME AUTEUR.

(ŒUVRES COMPLÈTES, 66 VOLUMES.)

EN VENTE
CHEZ PÉTION,
11, RUE DU JARDINET.

Les Mystères de Paris.	10 vol. in-8.
Mathilde.	6 vol. in-8.
Deux histoires.	2 vol. in-8.
Le marquis de Létorière.	1 vol. in-8.
Deleytar.	2 vol. in-8.
Jean Cavalier.	4 vol. in-8.
Le Morne au Diable.	2 vol. in-8.
Thérèse Dunoyer.	2 vol. in-8.
Latréaumont.	3 vol. in-8.
La Vigie de Koat-Ven.	4 vol. in-8.
Paula-Monti.	2 vol. in-8.
Le Commandeur de Malte.	2 vol. in-8.
Plick et Ploc.	2 vol. in-8.
Atar Gull.	1 vol. in-8.
Arthur.	4 vol. in-8.
La Coucaratcha.	3 vol. in-8.
La Salamandre.	2 vol. in-8.
Histoire de la Marine (*gravures*).	4 vol. in-8.

Tous les ouvrages épuisés sont réimprimés.

IMPRIMÉ PAR BÉTHUNE ET PLON.

LE
JUIF ERRANT

PAR

M. EUGÈNE SÜE

TOME SIXIÈME

PARIS
PAULIN, ÉDITEUR
RUE RICHELIEU, 60
—
1845

LE JUIF ERRANT.

SIXIÈME PARTIE.

CHAPITRE PREMIER.

LES SOUPÇONS.

Mademoiselle de Cardoville s'avança vivement au-devant de la Mayeux et lui dit d'une voix émue en lui tendant les bras :

— Venez... venez... il n'y a plus maintenant de grille qui nous sépare !

A cette allusion, qui lui rappelait que, naguère, sa pauvre mais laborieuse main avait été respectueusement baisée par cette belle et riche patricienne, la jeune ouvrière éprouva un sentiment de reconnaissance à la fois ineffable et fier. Comme elle hésitait à répondre à l'accueil cordial d'Adrienne, celle-ci l'embrassa avec une touchante effusion.

Lorsque la Mayeux se vit entourée des bras charmants de mademoiselle de Cardoville, lorsqu'elle sentit les lèvres fraîches et fleuries de la jeune fille s'appuyer fraternellement sur ses joues pâles et maladives, elle fondit en larmes sans pouvoir prononcer une parole.

Rodin, retiré dans un coin de la chambre, regardait cette scène avec un secret malaise; instruit du refus plein de dignité opposé par la Mayeux aux tentations perfides de la supérieure du couvent de Sainte-Marie, sachant le dévouement profond de cette généreuse créature pour Agricol, dévouement qui s'était si valeureusement reporté depuis quelques jours sur mademoiselle de Cardoville, le jésuite n'aimait pas à voir celle-ci prendre à tâche d'augmenter encore cette affection. Il pensait sagement qu'on ne doit jamais dédaigner un ennemi ou un ami, si petits qu'ils soient. Or son ennemi était celui-là qui se dévouait à mademoiselle de Cardoville; puis enfin, on le sait, Rodin alliait à une rare fermeté de caractère certaines faiblesses superstitieuses, et il se sentait inquiet de la singulière impression de crainte que lui inspirait la Mayeux : il se promit de tenir compte de ce pressentiment ou de cette prévision.

. . . .

Les cœurs délicats ont quelquefois dans les plus petites choses des instincts d'une grâce, d'une bonté charmantes. Ainsi, après que la Mayeux eut versé d'abondantes et douces larmes de reconnaissance, Adrienne, prenant un mouchoir richement garni, en essuya pieusement les pleurs qui inondaient le mélancolique visage de la jeune ouvrière.

Ce mouvement, si naïvement spontané, sauva la Mayeux d'une humiliation; car, hélas! humiliation et souffrance, tels sont les deux abîmes que côtoie sans cesse l'infortune : aussi pour l'infortune la moindre délicate prévenance est-elle presque toujours un double bienfait.

Peut-être va-t-on sourire de dédain au puéril détail que nous allons donner pour exemple; mais la pauvre Mayeux, n'osant pas tirer de sa poche son vieux petit mouchoir en lambeaux, serait long-temps restée aveuglée par ses larmes, si mademoiselle de Cardoville n'était pas venue les essuyer.

— Vous êtes bonne... oh! vous êtes noblement charitable!... mademoiselle!

C'est tout ce que put dire l'ouvrière d'une voix profondément émue et encore plus touchée de l'attention de mademoiselle de Cardoville qu'elle ne l'eût peut-être été d'un service rendu.

— Regardez-la... monsieur — dit Adrienne à Rodin, qui se rapprocha vivement. — Oui... — ajouta la jeune patricienne avec fierté... — c'est un trésor que j'ai découvert... Regardez-la, monsieur, et aimez-la comme je l'aime, honorez-la comme je l'honore. C'est un de ces cœurs... comme nous les cherchons.

— Et comme nous les trouvons, Dieu merci! ma chère demoiselle — dit Rodin à Adrienne en s'inclinant devant l'ouvrière.

Celle-ci leva lentement les yeux sur le jésuite; à l'aspect de cette figure cadavéreuse qui lui souriait avec bénignité, la jeune fille tressaillit : chose étrange! elle n'avait jamais vu cet homme, et instantanément elle éprouva pour lui presque la même impression de crainte, d'éloignement, qu'il venait de ressentir pour elle. Ordinairement timide et confuse, la Mayeux ne pouvait détacher son regard de celui de Rodin; son cœur battait avec force, ainsi qu'à l'approche d'un grand péril, et, comme l'excellente créature ne craignait que pour ceux qu'elle aimait, elle se rapprocha involontairement d'Adrienne, tenant toujours ses yeux attachés sur Rodin.

Celui-ci, trop physionomiste pour ne pas s'apercevoir de l'impression redoutable qu'il causait, sentit augmenter son aversion instinctive contre l'ouvrière.

Au lieu de baisser les yeux devant elle, il sembla l'examiner avec une attention si soutenue que mademoiselle de Cardoville en fut étonnée.

— Pardon, ma chère fille — dit Rodin en

ayant l'air de rassembler ses souvenirs et en s'adressant à la Mayeux — pardon, mais je crois... que je ne me trompe point... n'êtes-vous pas allée il y a peu de jours au couvent de Sainte-Marie... ici près?

— Oui, monsieur...

— Plus de doute... c'est vous!... Où avais-je donc la tête? — s'écria Rodin. — C'est bien vous... j'aurais dû m'en douter plus tôt...

— De quoi s'agit-il donc, monsieur? — demanda Adrienne.

— Ah! vous avez bien raison, ma chère demoiselle — dit Rodin en montrant du geste la Mayeux. — Voilà un cœur, un noble cœur, comme nous les cherchons. Si vous saviez avec quelle dignité, avec quel courage cette pauvre enfant, qui manquait de travail;... et pour elle manquer de travail, c'est manquer de tout; si vous saviez, dis-je, avec quelle dignité elle a repoussé le honteux salaire que la supérieure du couvent avait eu l'indignité de lui offrir pour l'engager à espionner une famille où elle lui proposait de la placer!...

— Ah!... c'est infâme! — s'écria mademoiselle de Cardoville avec dégoût. — Une telle proposition à cette malheureuse enfant... à elle!...

— Mademoiselle — dit amèrement la Mayeux — je n'avais pas de travail... j'étais pauvre, on ne me connaissait pas;... on a cru pouvoir tout me proposer...

— Et moi, je dis — reprit Rodin — que c'était une double indignité de la part de la supérieure de tenter la misère, et qu'il est doublement beau à vous d'avoir refusé.

— Monsieur... — dit la Mayeux avec un embarras modeste.

— Oh, oh! on ne m'intimide pas, moi — reprit Rodin; — louange ou blâme, je dis brutalement ce que j'ai sur le cœur... Demandez à cette chère demoiselle. — Et il indiqua du regard Adrienne. — Je vous dirai donc très-haut que je pense autant de bien de vous que mademoiselle de Cardoville en pense elle-même.

— Croyez-moi, mon enfant — dit Adrienne — il est des louanges qui honorent, qui récompensent, qui encouragent,... et celles de M. Rodin sont du nombre... Je le sais, oh! oui... je le sais.

— Du reste, ma chère demoiselle, il ne faut pas me faire tout l'honneur de ce jugement...

— Comment cela, monsieur?

— Cette chère fille n'est-elle pas la sœur adoptive d'Agricol Baudoin, le brave ouvrier, le poète énergique et populaire? Eh bien! est-ce que l'affection d'un tel homme n'est pas la meilleure des garanties, et ne permet pas, pour ainsi dire, de juger sur l'étiquette? — ajouta Rodin en souriant.

— Vous avez raison, monsieur — dit Adrienne — car sans connaître cette chère enfant, j'ai commencé à m'intéresser très-vivement à son sort du jour où son frère adoptif m'a parlé d'elle... Il s'exprimait avec tant de chaleur, tant d'abandon, que tout de suite j'ai estimé la jeune fille capable d'inspirer un si noble attachement.

Ces mots d'Adrienne, joints à une autre circonstance, troublèrent si vivement la Mayeux que son pâle visage devint pourpre.

On le sait, l'infortunée aimait Agricol d'un amour aussi passionné que douloureux et caché; toute allusion même indirecte à ce sentiment fatal causait à la jeune fille un embarras cruel.

Or, au moment où mademoiselle de Cardoville avait parlé de l'attachement d'Agricol pour la Mayeux, celle-ci avait rencontré le regard observateur et pénétrant de Rodin, fixé sur elle;.. seule avec Adrienne, la jeune ouvrière en entendant parler du forgeron n'eût éprouvé qu'un ressentiment de gêne passager, mais il lui sembla malheureusement que le jésuite, qui lui inspirait déjà une frayeur involontaire, venait de lire dans son cœur et d'y surprendre le secret du funeste amour dont elle était victime... De là l'éclatante rougeur de l'infortunée, de là son embarras si visible, si pénible, qu'Adrienne en fut frappée.

Un esprit subtil et prompt comme celui de Rodin au moindre effet recherche aussitôt la cause. Procédant par rapprochement, le jésuite vit d'un côté une fille contrefaite mais très-intelligente et capable d'un dévouement passionné; de l'autre un jeune ouvrier,

beau, hardi, spirituel et franc. — « Élevés
» ensemble, sympathiques l'un à l'autre par
» beaucoup de points, ils doivent s'aimer fra-
» ternellement — se dit-il ; — mais l'on ne
» rougit pas d'un amour fraternel, et la
» Mayeux a rougi et s'est troublée sous mon
» regard : aimerait-elle Agricol d'amour ? »

Sur la voie de cette découverte, Rodin voulut poursuivre son inquisition jusqu'au bout. Remarquant la surprise que le trouble visible de la Mayeux causait à Adrienne, il dit à celle-ci en souriant et en lui désignant la Mayeux d'un signe d'intelligence :

— Hein ! voyez-vous, ma chère demoiselle, comme elle rougit... cette pauvre petite, quand on parle du vif attachement de ce brave ouvrier pour elle ?

La Mayeux baissa la tête, écrasée de confusion.

Après une pause d'une seconde, pendant laquelle Rodin garda le silence, afin de donner au trait cruel le temps de bien pénétrer au cœur de l'infortunée, le bourreau reprit :

— Mais voyez donc cette chère fille, comme elle se trouble !

Puis, après un autre silence, s'apercevant que la Mayeux, de pourpre qu'elle était, devenait d'une pâleur mortelle, et tremblait de tous ses membres, le jésuite craignit d'avoir été trop loin, car Adrienne dit à la Mayeux avec intérêt :

— Ma chère enfant, pourquoi donc vous troubler ainsi?

— Eh! c'est tout simple — reprit Rodin avec une simplicité parfaite, car, sachant ce qu'il voulait savoir, il tenait à paraître ne se douter de rien ; — eh! c'est tout simple, cette chère fille a la modestie d'une bonne et tendre sœur pour son frère. A force de l'aimer... à force de s'assimiler à lui quand on le loue, il lui semble qu'on la loue elle-même...

— Et comme elle est aussi modeste qu'excellente — ajouta Adrienne en prenant les mains de la Mayeux — la moindre louange, ou pour son frère adoptif, ou pour elle, la trouble au point où nous la voyons ;... ce qui est un véritable enfantillage, dont je veux la gronder bien fort.

Mademoiselle de Cardoville parlait de très-bonne foi, l'explication donnée par Rodin lui semblant et étant en effet fort plausible.

Ainsi que toutes les personnes qui, redoutant à chaque minute de voir pénétrer leur douloureux secret, se rassurent aussi vite qu'elles s'effraient, la Mayeux se persuada... eut besoin de se persuader, pour ne pas mourir de honte, que les dernières paroles de Rodin étaient sincères, et qu'il ne se doutait pas de l'amour qu'elle ressentait pour Agricol. Alors ses angoisses diminuèrent, et elle trouva quelques paroles à adresser à mademoiselle de Cardoville.

— Excusez-moi, mademoiselle — dit-elle timidement; — je suis si peu habituée à une bienveillance semblable à celle dont vous me comblez, que je réponds mal à vos bontés pour moi.

— Mes bontés, pauvre enfant! — dit Adrienne — je n'ai encore rien fait pour vous. Mais, Dieu merci! dès aujourd'hui, je pourrai tenir ma promesse, récompenser votre dévouement pour moi, votre courageuse résignation, votre saint amour du travail et la dignité dont vous avez donné tant de preuves au milieu des plus cruelles préoccupations; en un mot, dès aujourd'hui, si cela vous convient, nous ne nous quitterons plus.

— Mademoiselle, c'est trop de bonté — dit la Mayeux d'une voix tremblante — mais je...

— Ah! rassurez-vous — dit Adrienne en l'interrompant et en la devinant — si vous acceptez, je saurai concilier, avec mon désir un peu égoïste de vous avoir auprès de moi, l'indépendance de votre caractère, vos habitudes de travail, votre goût pour la retraite et votre besoin de vous dévouer à tout ce qui mérite commisération; et même, je ne vous le cache pas, c'est en vous donnant surtout les moyens de satisfaire à ces généreuses tendances que je compte vous séduire et vous fixer près de moi.

— Mais qu'ai-je donc fait, mademoiselle, — dit naïvement la Mayeux — pour mériter tant de reconnaissance de votre part? N'est-ce pas vous, au contraire, qui avez commencé par vous montrer si généreuse envers mon frère adoptif?

— Oh! je ne vous parle pas de reconnaissance — dit Adrienne — nous sommes quittes;... mais je vous parle de l'affection, de l'amitié sincère que je vous offre.

— De l'amitié... à moi... mademoiselle?

— Allons! allons! — lui dit Adrienne avec un charmant sourire — ne soyez pas orgueilleuse, parce que vous avez l'avantage de la position; et puis, j'ai mis dans ma tête que vous seriez mon amie... et vous le verrez, cela sera;... mais maintenant, j'y songe... et c'est un peu tard... quelle bonne fortune vous amène ici?

— Ce matin, M. Dagobert a reçu une lettre dans laquelle on le priait de se rendre ici, où il trouverait, disait-on, de bonnes nouvelles relativement à ce qui l'intéresse le plus au monde... Croyant qu'il s'agissait de mesdemoiselles Simon, il m'a dit : La Mayeux, vous avez pris tant d'intérêt à ce qui regarde ces chers enfants, qu'il faut que vous veniez avec moi; vous verrez ma joie en les retrouvant; ce sera votre récompense...

Adrienne regarda Rodin. Celui-ci fit un signe de tête affirmatif, et dit :

— Oui, oui, chère demoiselle, c'est moi qui ai écrit à ce brave soldat... mais sans signer et sans m'expliquer davantage ; vous saurez pourquoi.

— Alors, ma chère enfant, comment êtes-vous venue seule? — dit Adrienne.

— Hélas! mademoiselle, j'ai été, en arrivant, si émue de votre accueil, que je n'ai pu vous dire mes craintes.

— Quelles craintes? — demanda Rodin.

— Sachant que vous habitiez ici, mademoiselle, j'ai supposé que c'était vous qui aviez fait tenir cette lettre à M. Dagobert ; je le lui ai dit, il l'a cru comme moi. Arrivé ici, son impatience était si grande, qu'il a demandé dès la porte si les orphelines étaient dans cette maison, et il les a dépeintes. On lui a dit que non. Alors, malgré mes supplications, il a voulu aller au couvent s'informer d'elles.

— Quelle imprudence!..... — s'écria Adrienne.

2.

— Après ce qui s'est passé cette nuit? — ajouta Rodin en haussant les épaules.

— J'ai eu beau lui faire observer — reprit la Mayeux — que la lettre n'annonçait pas positivement qu'on lui remettrait les orphelines... mais qu'on le renseignerait sans doute sur elles, il n'a pas voulu m'écouter, et m'a dit : Si je n'apprends rien... j'irai vous rejoindre... mais elles étaient avant-hier au couvent ; maintenant tout est découvert, on ne peut me les refuser.

— Et avec une tête pareille — dit Rodin en souriant — il n'y a pas de discussion possible...

— Pourvu, mon Dieu, qu'il ne soit pas reconnu ! — dit Adrienne en songeant aux menaces de M. Baleinier.

— Ceci n'est pas présumable — reprit Rodin — on lui refusera la porte... Voilà, je l'espère, le plus grand mécompte qui l'attendra ; du reste, le magistrat ne peut maintenant tarder à revenir avec ces jeunes filles... Je n'ai plus besoin ici... d'autres soins m'appellent. Il faut que je m'informe du prince Djalma ; aussi veuillez dire quand et où je pourrai vous voir, ma chère demoiselle, afin de vous tenir au courant de mes recherches... et de convenir de tout ce qui regarde le jeune prince, si, comme je l'espère, ces recherches ont de bons résultats.

— Vous me trouverez chez moi, dans ma nouvelle maison, où je vais aller en sortant d'ici, rue d'Anjou, à l'ancien hôtel de Beaulieu... Mais, j'y songe — dit tout à coup Adrienne après quelques moments de réflexion — il ne me paraît ni convenable, ni peut-être prudent, pour plusieurs raisons, de loger le prince Djalma dans le pavillon que j'occupais à l'hôtel de Saint-Dizier. J'ai vu il y a peu de temps une charmante petite maison toute meublée, toute prête ; quelques embellissements réalisables en vingt-quatre heures en feront un très-joli séjour... Oui, cela sera mille fois préférable — ajouta mademoiselle de Cardoville après un nouveau silence; — et puis, ainsi je pourrai garder sûrement le plus strict incognito.

— Comment ! — s'écria Rodin, dont les projets se trouvaient dangereusement dérangés par cette nouvelle résolution de la jeune fille — vous voulez qu'il ignore...

— Je veux que le prince Djalma ignore absolument quel est l'ami inconnu qui lui vient en aide; je désire que mon nom ne lui soit pas prononcé, et qu'il ne sache pas même que j'existe... quant à présent du moins... Plus tard... dans un mois peut-être... je verrai, les circonstances me guideront.

— Mais cet incognito — dit Rodin cachant son vif désappointement — ne sera-t-il pas bien difficile à garder?

— Si le prince eût habité mon pavillon, je suis de votre avis, le voisinage de ma tante aurait pu l'éclairer, et cette crainte est une des raisons qui me font renoncer à mon premier projet... Mais le prince habitera un quartier assez éloigné... la rue Blanche. Qui l'instruirait de ce qu'il doit ignorer? Un de mes vieux amis, M. Norval, vous, monsieur, et cette digne enfant — elle montra la Mayeux — sur la discrétion de qui je puis compter comme sur la vôtre, vous connaissez seuls mon secret... il sera donc parfaitement gardé... Du reste, demain nous causerons plus longuement à ce sujet; il faut d'abord que vous parveniez à retrouver ce malheureux jeune prince.

Rodin, quoique profondément courroucé de la subite détermination d'Adrienne au sujet de Djalma, fit bonne contenance et répondit :

— Vos intentions seront scrupuleusement suivies, ma chère demoiselle, et demain, si vous le permettez, j'irai vous rendre bon compte... de ce que vous daigniez appeler tout à l'heure ma mission providentielle.

— A demain donc... et je vous attendrai avec impatience — dit affectueusement Adrienne à Rodin. — Permettez-moi de toujours compter sur vous, comme de ce jour vous pouvez compter sur moi. Il faudra m'être indulgent, monsieur, car je prévois que j'aurai encore bien des conseils, bien des services à vous demander... moi qui déjà... vous dois tant...

— Vous ne me devrez jamais assez, ma chère demoiselle, jamais assez — dit Rodin en se dirigeant discrètement vers la porte après s'être incliné devant Adrienne.

Au moment où il allait sortir, il se trouva face à face avec Dagobert.

— Ah!... enfin j'en tiens un... — s'écria le soldat en saisissant le jésuite au collet d'une main vigoureuse.

CHAPITRE II.

LES EXCUSES.

Mademoiselle de Cardoville, en voyant Dagobert saisir si rudement Rodin au collet, s'était écriée avec effroi, en faisant quelques pas vers le soldat :

— Au nom du ciel ! monsieur... que faites-vous ?

— Ce que je fais ! — répondit durement le soldat sans lâcher Rodin et en tournant la tête du côté d'Adrienne qu'il ne reconnaissait pas — je profite de l'occasion pour serrer la gorge d'un des misérables de la bande du renégat, jusqu'à ce qu'il m'ait dit où sont mes pauvres enfants.

—Vous m'étranglez...—dit le jésuite d'une voix syncopée en tâchant d'échapper au soldat.

—Où sont les orphelines, puisqu'elles ne sont pas ici et qu'on m'a fermé la porte du couvent sans vouloir me répondre? — cria Dagobert d'une voix tonnante.

—A l'aide! — murmura Rodin.

—Ah! c'est affreux! — dit Adrienne.

Et pâle, tremblante, s'adressant à Dagobert, les mains jointes :

—Grâce, monsieur!.. écoutez-moi... écoutez-le...

—Monsieur Dagobert — s'écria la Mayeux en courant saisir de ses faibles mains le bras de Dagobert et lui montrant Adrienne — c'est mademoiselle de Cardoville... Devant elle, quelle violence!.. et puis, vous vous trompez... sans doute.

Au nom de mademoiselle de Cardoville, la bienfaitrice de son fils, le soldat se retourna brusquement et lâcha Rodin; celui-ci, rendu cramoisi par la colère et par la suffocation, se hâta de rajuster son collet et sa cravate.

— Pardon, mademoiselle... — dit Dagobert en allant vers Adrienne encore pâle de frayeur — je ne savais pas qui vous étiez;... mais le premier mouvement m'a emporté malgré moi...

—Mais, mon Dieu ! qu'avez-vous contre monsieur? — dit Adrienne. — Si vous m'aviez écoutée, vous sauriez...

— Excusez-moi si je vous interromps, mademoiselle — dit le soldat à Adrienne d'une voix contenue. Puis s'adressant à Rodin, qui avait repris son sang-froid : — Remerciez mademoiselle, et allez-vous-en;... si vous restez là... je ne réponds pas de moi...

— Un mot seulement, mon cher monsieur — dit Rodin — je...

— Je vous dis que je ne réponds pas de moi si vous restez là! — s'écria Dagobert en frappant du pied.

— Mais, au nom du ciel, dites au moins la cause de cette colère... — reprit Adrienne — et surtout ne vous fiez pas aux apparences; calmez-vous et écoutez-nous...

— Que je me calme, mademoiselle! — s'écria Dagobert avec désespoir; — mais je ne pense qu'à une chose... mademoiselle,... à l'arrivée du maréchal Simon ; il sera à Paris aujourd'hui ou demain...

— Il serait possible! — dit Adrienne.

Rodin fit un mouvement de surprise et de joie.

— Hier soir — reprit Dagobert — j'ai reçu une lettre du maréchal; il a débarqué au Havre; depuis trois jours, j'ai fait démarches sur démarches, espérant que les orphelines me seraient rendues, puisque la machination de ces misérables avait échoué (et il montra Rodin avec un nouveau geste de colère). — Eh bien! non... ils complotent encore quelque infamie. Je m'attends à tout...

— Mais, monsieur — dit Rodin en s'avançant — permettez-moi de vous...

— Sortez! — s'écria Dagobert, dont l'irritation et l'anxiété redoublaient en songeant que d'un moment à l'autre le maréchal Simon pouvait arriver à Paris; — sortez,...

car, sans mademoiselle,... je me serais au moins vengé sur quelqu'un...

Rodin fit un signe d'intelligence à Adrienne, dont il se rapprocha prudemment, lui montra Dagobert d'un geste de commisération touchante, et dit à ce dernier :

— Je sortirai donc, monsieur, et... d'autant plus volontiers, que je quittais cette chambre quand vous y êtes entré.

Puis, se rapprochant tout à fait de mademoiselle de Cardoville, le jésuite lui dit à voix basse :

— Pauvre soldat!... la douleur l'égare; il serait incapable de m'entendre. Expliquez-lui tout, ma chère demoiselle; il sera bien attrapé — ajouta-t-il d'un air fin; — mais, en attendant — reprit Rodin en fouillant dans la poche de côté de sa redingote et en en tirant un petit paquet — remettez-lui ceci, je vous prie, ma chère demoiselle;... c'est ma vengeance;... elle sera bonne.

Et comme Adrienne, tenant le petit paquet dans sa main, regardait le jésuite avec étonnement, celui-ci mit son index sur sa lèvre comme pour recommander le silence à la jeune fille, gagna la porte en marchant à reculons sur la pointe des pieds, et sortit après avoir encore d'un geste de pitié montré Dagobert, qui, dans un morne abattement, la tête baissée, les bras croisés sur la poitrine, restait muet aux consolations empressées de la Mayeux.

Lorsque Rodin eut quitté la chambre, Adrienne, s'approchant du soldat, lui dit de sa voix douce et avec l'expression d'un profond intérêt :

— Votre entrée si brusque m'a empêchée de vous faire une question bien intéressante pour moi... Et votre blessure ?

— Merci, mademoiselle — dit Dagobert en sortant de sa pénible préoccupation — merci ! ça n'est pas grand'chose, mais je n'ai pas le temps d'y songer... Je suis fâché d'avoir été si brutal devant vous, d'avoir chassé ce misérable ;... mais c'est plus fort que moi ; à la vue de ces gens-là... mon sang ne fait qu'un tour.

— Et pourtant, croyez-moi, vous avez été trop prompt à juger... la personne qui était là tout à l'heure.

— Trop prompt... mademoiselle... mais ce n'est pas d'aujourd'hui que je le connais... Il était avec ce renégat d'abbé d'Aigrigny...

— Sans doute... ce qui ne l'empêche pas d'être un honnête et excellent homme...

— Lui !.. — s'écria Dagobert.

— Oui... et il n'est en ce moment même occupé que d'une chose... de vous faire rendre vos chères enfants.

— Lui !.. — reprit Dagobert en regardant Adrienne comme s'il ne pouvait croire à ce qu'il entendait — lui... me rendre mes enfants !

— Oui... plus tôt que vous ne le pensez, peut-être.

— Mademoiselle — dit tout à coup Dagobert ; il vous trompe... vous êtes dupe de ce vieux gueux-là.

— Non — dit Adrienne en secouant la tête et souriant — j'ai des preuves de sa bonne foi ;... d'abord, c'est lui qui me fait sortir de cette maison.

— Il serait vrai ? — dit Dagobert confondu.

— Très-vrai, et qui plus est, voici quelque chose qui vous raccommodera peut-être avec lui — dit Adrienne en remettant à Dagobert le petit paquet que Rodin venait de lui donner au moment de s'en aller ; — ne voulant pas vous exaspérer davantage par sa présence, il m'a dit : Mademoiselle, remettez ceci à ce brave soldat ; ce sera ma vengeance.

Dagobert regardait mademoiselle de Cardoville avec surprise en ouvrant machinalement le petit paquet. Lorsqu'il l'eut développé et qu'il eut reconnu sa croix d'argent noircie par les années et le vieux ruban rouge fané qu'on lui avait dérobés à l'auberge du Faucon-Blanc avec ses papiers, il s'écria, d'une voix entrecoupée, le cœur palpitant :

— Ma croix!.. ma croix!.. c'est ma croix!..

Et dans l'exaltation de sa joie, il pressait l'étoile d'argent contre sa moustache grise.

Adrienne et la Mayeux se sentaient profondément touchées de l'émotion du soldat, qui s'écria en courant vers la porte par où venait de sortir Rodin :

— Après un service rendu au maréchal Simon, à ma femme ou à mon fils, on ne pouvait rien faire de plus pour moi... Et vous répondez de ce brave homme, mademoiselle?

Et je l'ai injurié... maltraité devant vous... Il a droit à une réparation.... il l'aura. Oh! il l'aura.

Ce disant, Dagobert sortit précipitamment de la chambre, traversa deux pièces en courant, gagna l'escalier, le descendit rapidement et atteignit Rodin à la dernière marche.

— Monsieur — lui dit le soldat d'une voix émue, en le saisissant par le bras — il faut remonter tout de suite.

— Il serait pourtant bon de vous décider à quelque chose, mon cher monsieur — dit Rodin en s'arrêtant, avec bonhomie : — il y a un instant vous m'ordonniez de m'en aller, maintenant il s'agit de revenir. A quoi nous arrêtons-nous?

— Tout à l'heure, monsieur, j'avais tort, et quand j'ai un tort, je le répare. Je vous ai injurié, maltraité devant témoins... Je vous ferai mes excuses devant témoins.

— Mais, mon cher monsieur... je vous... rends grâce... je suis pressé...

— Qu'est-ce que ça me fait que vous soyez pressé?.. Je vous dis que vous allez remonter tout de suite... ou sinon... ou sinon — reprit

Dagobert en prenant la main du jésuite et en la serrant avec autant de cordialité que d'attendrissement — ou sinon le bonheur que vous me causez en me rendant ma croix, ne sera pas complet.

— Qu'à cela ne tienne, alors, mon bon ami ; remontons... remontons...

— Et non-seulement vous m'avez rendu ma croix... que j'ai... eh bien oui ! que j'ai pleurée, allez, sans le dire à personne — s'écria Dagobert avec effusion ; — mais cette demoiselle m'a dit que, grâce à vous... ces pauvres enfants ! Voyons... pas de fausse joie... Est-ce bien vrai ? mon Dieu ! est-ce bien vrai ?

Eh ! eh !... voyez-vous le curieux — dit Rodin en souriant avec finesse. Puis il ajouta :
— Allons, allons, soyez tranquille... on vous les rendra, vos deux anges... vieux diable à quatre.

Et le jésuite remonta l'escalier.

— On me les rendra... aujourd'hui ? — s'écria Dagobert.

Et au moment où Rodin gravissait les marches, il l'arrêta brusquement par la manche.

— Ah çà, mon bon ami — dit le jésuite —

décidément, nous arrêtons-nous? montons-nous? descendons-nous? Sans reproche, vous me faites aller comme un toton.

— C'est juste... là-haut nous nous expliquerons mieux. Venez... alors venez vite.. — dit Dagobert.

Puis, prenant Rodin sous le bras, il lui fit hâter le pas et le ramena triomphant dans la chambre où Adrienne et la Mayeux étaient restées, très-surprises de la subite disparition du soldat.

— Le voilà... le voilà — s'écria Dagobert en rentrant. — Heureusement je l'ai attrapé au bas de l'escalier.

— Et vous m'avez fait remonter d'un fier pas! ajouta Rodin passablement essoufflé.

— Maintenant, monsieur — dit Dagobert d'une voix grave — je déclare devant mademoiselle que j'ai eu tort de vous brutaliser, de vous injurier; je vous en fais mes excuses, monsieur, et je reconnais avec joie... que je vous dois... oh! beaucoup... oui... beaucoup, et je vous le jure, quand je dois... je paye.

Et Dagobert tendit encore sa loyale main

à Rodin qui la serra d'une façon fort affable, en ajoutant :

— Eh, mon bon Dieu! de quoi s'agit-il donc? Quel est-donc ce grand service dont vous parlez?

— Et cela! dit Dagobert en faisant briller sa croix aux yeux de Rodin; — mais vous ne savez donc pas ce que c'est pour moi que cette croix!

— Supposant, au contraire, que vous deviez y tenir, je comptais avoir le plaisir de vous la remettre moi-même. Je l'avais apportée pour cela... Mais, entre nous... vous m'avez, dès votre arrivée, si... si *familièrement* accueilli..., que je n'ai pas eu le temps de...

— Monsieur — dit Dagobert confus — je vous assure que je me repens cruellement de ce que j'ai fait.

— Je le sais... mon bon ami... n'en parlons donc plus... Ah çà, vous y teniez donc beaucoup, à cette croix?

— Si j'y tenais, monsieur! — s'écria Dagobert; — mais cette croix — et il la baisa encore — c'est ma relique à moi... Celui de qui

elle me venait était mon saint... mon Dieu...
et il l'avait touchée...

— Comment — dit Rodin en feignant de
regarder la croix avec autant de curiosité
que d'admiration respectueuse — comment!
Napoléon... le grand Napoléon aurait touché
de sa propre main, de sa main victorieuse...
cette noble étoile de l'honneur?

— Oui, monsieur, de sa main; il l'avait
placée là, sur ma poitrine sanglante, comme
pansement à ma cinquième blessure... Aussi,
voyez-vous, je crois qu'au moment de crever
de faim, entre du pain et ma croix... je n'aurais pas hésité... afin de l'avoir en mourant
sur le cœur... Mais assez... assez... Parlons
d'autre chose... C'est bête, un vieux soldat,
n'est-ce pas? — ajouta Dagobert en passant sa
main sur ses yeux; puis, comme s'il avait
honte de nier ce qu'il éprouvait : — Eh bien,
oui ! — reprit-il en relevant vivement la tête,
et ne cherchant pas à cacher une larme qui
roulait sur sa joue — oui, je pleure de joie
d'avoir retrouvé ma croix... ma croix que
l'Empereur m'avait donnée... de *sa main victorieuse*, comme dit ce brave homme...

— Bénie soit donc ma pauvre vieille main de vous avoir rendu ce trésor glorieux — dit Rodin avec émotion. Et il ajouta : — Ma foi ! la journée sera bonne pour tout le monde ; aussi je vous l'annonçais ce matin dans ma lettre...

— Cette lettre... sans signature — demanda le soldat de plus en plus surpris — c'était vous !

— C'était moi qui vous l'écrivais. Seulement, craignant quelque nouveau piége de l'abbé d'Aigrigny, je n'ai pas voulu, vous entendez bien, m'expliquer plus clairement.

— Ainsi... mes orphelines,... je vais les revoir.

Rodin fit un signe de tête affirmatif, plein de bonhomie.

— Oui, tout à l'heure, dans un instant peut-être... — dit Adrienne en souriant. — Eh bien ! avais-je raison de vous dire que vous aviez mal jugé monsieur ?

— Eh ! que ne me disait-il cela quand je suis entré ? — s'écria Dagobert ivre de joie.

— Il y avait à cela un inconvénient, mon bon ami — dit Rodin — c'est que, dès votre entrée, vous avez entrepris de m'étrangler...

— C'est vrai... j'ai été trop prompt ; encore une fois pardon ; mais que voulez-vous que je vous dise ?... Je vous avais toujours vu contre nous avec l'abbé d'Aigrigny, et dans le premier moment...

— Mademoiselle — dit Rodin en s'inclinant devant Adrienne — cette chère demoiselle vous dira que j'étais, sans le savoir, complice de bien des perfidies ; mais dès que j'ai pu voir clair dans ces ténèbres... j'ai quitté le mauvais chemin où j'étais engagé malgré moi, pour marcher vers ce qui était honnête, droit et juste.

Adrienne fit un signe de tête affirmatif à Dagobert, qui semblait l'interroger du regard.

— Si je n'ai pas signé la lettre que je vous ai écrite, mon bon ami, ç'a été de crainte que mon nom ne vous inspirât de mauvais soupçons ; si enfin je vous ai prié de vous rendre ici et non pas au couvent... c'est que j'avais peur, comme cette chère demoiselle, que vous ne fussiez reconnu par le concierge ou par le jardinier, et votre escapade de l'autre nuit pouvait rendre cette reconnaissance dangereuse.

— Mais M. Baleinier est instruit de tout, j'y songe maintenant — dit Adrienne avec inquiétude ; — il m'a menacée de dénoncer M. Dagobert et son fils, si je portais plainte.

— Soyez tranquille, ma chère demoiselle ; c'est vous maintenant qui dicterez les conditions... — répondit Rodin. — Fiez-vous à moi ; quant à vous, mon bon ami,... vos tourments sont finis.

— Oui — dit Adrienne ; — un magistrat rempli de droiture, de bienveillance, est allé chercher au couvent les filles du maréchal Simon ; il va les ramener ici ; mais, comme moi, il a pensé qu'il serait plus convenable qu'elles vinssent habiter ma maison... Je ne puis cependant prendre cette décision sans votre consentement... car c'est à vous que ces orphelines ont été confiées par leur mère.

— Vous voulez la remplacer auprès d'elles, mademoiselle — reprit Dagobert ; — je ne peux que vous en remercier de bon cœur pour moi et pour ces enfants... Seulement, comme la leçon a été rude, je vous demanderai de ne pas quitter la porte de leur chambre ni jour ni nuit. Si elles sortent avec vous,

vous me permettrez de les suivre à quelques pas sans les quitter de l'œil, ni plus ni moins que ferait Rabat-Joie, qui s'est montré meilleur gardien que moi. Une fois le maréchal arrivé... et ce sera d'un jour à l'autre, la consigne sera levée... Dieu veuille qu'il arrive bientôt !

— Oui — reprit Rodin d'une voix ferme — Dieu veuille qu'il arrive bientôt, car il aura à demander un terrible compte de la persécution de ses filles à l'abbé d'Aigrigny, et pourtant M. le maréchal ne sait pas tout encore...

— Et vous ne tremblez pas pour le renégat ? — reprit Dagobert en pensant que bientôt peut-être le marquis se trouverait face à face avec le maréchal.

— Je ne tremble ni pour les lâches, ni pour les traîtres — répondit Rodin. — Et lorsque M. le maréchal Simon sera de retour...

Puis, après une réticence de quelques instants, il continua :

— Que M. le maréchal me fasse l'honneur de m'entendre, et il sera édifié sur la conduite de l'abbé d'Aigrigny. M. le maréchal saura que ses amis les plus chers sont, autant que lui-même, en butte à la haine de cet homme si dangereux.

— Comment donc cela ? — dit Dagobert.

— Eh, mon Dieu ! vous - même — dit Rodin — vous êtes un exemple de ce que j'avance.

— Moi !...

— Croyez-vous que le hasard seul ait amené la scène de l'auberge du Faucon-Blanc, près de Leipsick ?

— Qui vous a parlé de cette scène ? — dit Dagobert confondu.

— Ou vous acceptiez la provocation de Morok — continua le jésuite sans répondre à Dagobert — et vous tombiez dans un guet-apens... ou vous la refusiez, et alors vous étiez arrêté faute de papiers ainsi que vous l'avez été, puis jeté en prison comme vagabond avec ces pauvres orphelines... Maintenant, savez-vous quel était le but de cette violence? de vous empêcher d'être ici le 13 février.

— Mais plus je vous écoute, monsieur — dit Adrienne — plus je suis effrayée de l'audace de l'abbé d'Aigrigny et de l'étendue des moyens dont il dispose... En vérité — reprit-elle avec une profonde surprise — si vos paroles ne méritaient pas toute créance...

— Vous en douteriez, n'est-ce pas, mademoiselle? — dit Dagobert; — c'est comme moi, je ne peux pas croire que, si méchant qu'il soit, ce renégat ait eu des intelligences avec un montreur de bêtes, au fond de la Saxe; et puis, comment aurait-il su que moi et les enfants nous devions passer à Leipsick? C'est impossible, mon brave homme.

— En effet, monsieur — reprit Adrienne — je crains que votre animadversion, d'ailleurs très-légitime, contre l'abbé d'Aigrigny, ne vous égare, et que vous ne lui attribuiez une puissance et une étendue de relations presque fabuleuses.

Après un moment de silence pendant lequel Rodin regarda tour à tour Adrienne et Dagobert avec une sorte de commisération, il reprit :

— Et comment M. l'abbé d'Aigrigny aurait-il eu votre croix en sa possession, sans ses relations avec Morok? — demanda Rodin au soldat.

— Mais au fait, monsieur — dit Dagobert — la joie m'a empêché de réfléchir ; comment se fait-il que ma croix soit entre vos mains?

— Justement parce que l'abbé d'Aigrigny avait à Leipsick les relations dont vous et cette chère demoiselle paraissez douter.

— Mais ma croix, comment vous est-elle parvenue à Paris?

— Dites-moi, vous avez été arrêté à Leipsick faute de papiers, n'est-ce pas?

— Oui... mais je n'ai jamais pu comprendre comment mes papiers et mon argent avaient disparu de mon sac... Je croyais avoir eu le malheur de les perdre.

Rodin haussa les épaules et reprit :

— Ils vous ont été volés à l'auberge du Faucon-Blanc, par Goliath, un des affidés de Morok, et celui-ci a envoyé les papiers et la croix à l'abbé d'Aigrigny, pour lui prouver qu'il avait réussi à exécuter les ordres qui concernaient les orphelines et vous-même : c'est avant-hier que j'ai eu la clef de cette machination ténébreuse : croix et papiers se trouvaient dans les archives de l'abbé d'Aigrigny; les papiers formaient un volume trop considérable ; on se serait aperçu de leur soustraction ; mais, d'après ma lettre, espérant vous voir ce matin, et sachant combien un soldat de l'Empereur tient à sa croix, relique sacrée comme vous dites, mon bon ami, ma foi! je n'ai pas hésité : j'ai mis la relique dans ma poche. Après tout, me suis-je dit, ce n'est qu'une restitution, et ma délicatesse s'exagère peut-être la portée de cet abus de confiance.

— Vous ne pouviez faire une action meilleure — dit Adrienne — et, pour ma part, en raison de l'intérêt que je porte à M. Dagobert, je vous en suis personnellement reconnaissante. — Puis, après un moment de silence, elle reprit avec anxiété : — Mais, monsieur, de quelle effrayante puissance dispose donc M. d'Aigrigny... pour avoir en pays étranger des relations si étendues et si redoutables?

— Silence — s'écria Rodin à voix basse en regardant autour de lui d'un air épouvanté — silence... silence... au nom du ciel ne m'interrogez pas là-dessus!!!...

CHAPITRE III.

RÉVÉLATIONS.

Mademoiselle de Cardoville, très-étonnée de la frayeur de Rodin lorsqu'elle lui avait demandé quelque explication sur le pouvoir si formidable, si étendu, dont disposait l'abbé d'Aigrigny, lui dit :

— Mais, monsieur, qu'y a-t-il donc de si étrange dans la question que je viens de vous faire ?

Rodin, après un moment de silence, jetant les yeux autour de lui avec une inquiétude parfaitement simulée, répondit à voix basse :

— Encore une fois, mademoiselle, ne

m'interrogez pas sur un sujet si redoutable ; les murailles de cette maison ont des oreilles, ainsi qu'on dit vulgairement.

Adrienne et Dagobert se regardèrent avec une surprise croissante.

La Mayeux, par un instinct d'une persistance incroyable, continuait à éprouver un sentiment de défiance invincible contre Rodin. Quelquefois elle le regardait long-temps à la dérobée, tâchant de pénétrer sous le masque de cet homme qui l'épouvantait. Un moment le jésuite rencontra le regard inquiet de la Mayeux obstinément attaché sur lui ; il lui fit aussitôt un petit signe de tête plein d'aménité ; la jeune fille, effrayée de se voir surprise, détourna les yeux en tressaillant.

— Non, non, ma chère demoiselle — reprit Rodin avec un soupir en voyant que mademoiselle de Cardoville s'étonnait de son silence — ne m'interrogez pas sur la puissance de l'abbé d'Aigrigny.

— Mais, encore une fois, monsieur — reprit Adrienne — pourquoi cette hésitation à me répondre ? Que craignez-vous ?

— Ah ! ma chère demoiselle — dit Rodin

en frissonnant — ces gens-là sont si puissants !... leur animosité est si terrible !

— Rassurez-vous, monsieur, je vous dois trop pour que mon appui vous manque jamais.

— Eh ! ma chère demoiselle — s'écria Rodin presque blessé — jugez-moi mieux, je vous en prie. Est-ce donc pour moi que je crains ?... Non, non, je suis trop obscur, trop inoffensif; mais c'est vous, mais c'est M. le maréchal Simon, mais ce sont les autres personnes de votre famille qui ont tout à redouter... Ah ! tenez, ma chère demoiselle, encore une fois, ne m'interrogez pas ; il est des secrets funestes à ceux qui les possèdent...

— Mais enfin, monsieur, ne vaut-il pas mieux connaître les périls dont on est menacé ?

— Quand on sait la manœuvre de son ennemi, on peut se défendre au moins — dit Dagobert. — Vaut mieux une attaque en plein jour qu'une embuscade.

— Puis, je vous l'assure — reprit Adrienne — le peu de mots que vous m'avez dits m'inspirent une vague inquiétude...

— Allons, puisqu'il le faut... ma chère demoiselle — reprit le jésuite en paraissant faire un grand effort sur lui-même — puisque vous ne comprenez pas à demi-mot... je serai plus explicite ;... mais rappelez-vous — ajouta-t-il d'un ton grave... — rappelez-vous que votre insistance me force à vous apprendre ce qu'il vaudrait peut-être mieux ignorer.

— Parlez de grâce, monsieur, parlez — dit Adrienne.

Rodin, rassemblant autour de lui Adrienne, Dagobert et la Mayeux, leur dit à voix basse d'un air mystérieux :

— N'avez-vous donc jamais entendu parler d'une association puissante qui étend son réseau sur toute la terre, qui compte des affiliés, des séides, des fanatiques dans toutes les classes de la société... qui a eu et qui a encore souvent l'oreille des rois et des grands... association toute-puissante, qui d'un mot élève ses créatures aux positions les plus hautes, et d'un mot aussi les rejette dans le néant dont elle seule a pu les tirer ?

— Mon Dieu ! monsieur — dit Adrienne

— quelle est donc cette association formidable ? Jamais je n'en ai jusqu'ici entendu parler.

— Je vous crois, et pourtant votre ignorance à ce sujet m'étonne au dernier point, ma chère demoiselle.

— Et pourquoi cet étonnement ?

— Parce que vous avez vécu long-temps avec madame votre tante, et vu souvent l'abbé d'Aigrigny.

— J'ai vécu chez madame de Saint-Dizier, mais non pas avec elle, car pour mille raisons elle m'inspirait une aversion légitime.

— Mais au fait, ma chère demoiselle, ma remarque n'était pas juste ; c'est là plus qu'ailleurs où, devant vous surtout, on devait garder le silence sur cette association, et c'est pourtant grâce à elle que madame de Saint-Dizier a joui d'une si redoutable influence dans le monde sous le dernier règne... Eh bien ! sachez-le donc ! C'est le concours de cette association qui rend l'abbé d'Aigrigny un homme si dangereux ; par elle il a pu surveiller, poursuivre, atteindre différents membres de votre famille, ceux-ci en Sibérie,

4.

ceux-là au fond de l'Inde, d'autres enfin, au milieu des montagnes de l'Amérique, car, je vous l'ai dit, c'est par hasard avant-hier, en compulsant les papiers de l'abbé d'Aigrigny, que j'ai été mis sur la trace, puis convaincu de son affiliation à cette compagnie, dont il est le chef le plus actif et le plus capable.

— Mais, monsieur, le nom... le nom de cette compagnie — dit Adrienne.

— Eh bien !... c'est... — et Rodin s'arrêta.

— C'est... — reprit Adrienne, aussi intéressée que Dagobert et que la Mayeux — c'est...

Rodin regarda autour de lui, ramena par un signe les autres acteurs de cette scène encore plus près de lui, et dit à voix basse, en accentuant lentement ses paroles :

— C'est... la compagnie de Jésus.

Et il tressaillit.

— Les jésuites ! — s'écria mademoiselle de Cardoville ne pouvant retenir un éclat de rire d'autant plus franc que, d'après les mystérieuses précautions oratoires de Rodin, elle s'attendait à une révélation selon elle beaucoup plus terrible — les jésuites ! — reprit-elle en riant toujours — mais ils n'existent que dans les livres ; ce sont des personnages historiques, très effrayants, je le crois : mais pourquoi déguiser ainsi madame de Saint-Dizier et M. d'Aigrigny? Tels qu'ils sont, ne justifient-ils pas assez mon aversion et mon dédain ?

— Après avoir écouté silencieusement mademoiselle de Cardoville, Rodin reprit d'un air grave et pénétré :

— Votre aveuglement m'effraie, ma chère demoiselle; le passé aurait dû vous faire craindre pour l'avenir, car, plus que personne, vous avez déjà subi la funeste action de cette compagnie dont vous regardez l'existence comme un rêve.

— Moi, monsieur? — dit Adrienne en souriant, quoiqu'un peu surprise.

— Vous...

— Et dans quelle circonstance?

— Vous me le demandez, ma chère demoiselle, vous me le demandez?... Et vous avez été enfermée ici comme folle? N'est-ce donc pas vous dire que le maître de cette maison est un des membres laïques les plus dévoués de cette compagnie, et, comme tel, l'instrument aveugle de l'abbé d'Aigrigny?

— Ainsi — dit Adrienne sans sourire cette fois — M. Baleinier?...

— Obéissait à l'abbé d'Aigrigny, le chef le plus redoutable de cette redoutable société... Il emploie son génie au mal; mais, il faut l'avouer, c'est un homme de génie;.. aussi est ce surtout sur lui qu'une fois hors d'ici, vous et les vôtres devrez concentrer toute votre surveillance, tous vos soupçons; car, croyez-moi, je le connais, il ne regarde pas la partie comme perdue;... il faut vous attendre à de nouvelles attaques, sans doute d'un autre genre, mais, par cela même, peut-être plus dangereuses encore...

— Heureusement... vous nous prévenez, mon brave — dit Dagobert — et vous serez avec nous.

— Je puis bien peu, mon bon ami; mais ce peu est au service des honnêtes gens — dit Rodin.

— Maintenant — dit Adrienne d'un air pensif, complétement persuadée par l'air de conviction de Rodin — je m'explique l'inconcevable influence que ma tante exerçait sur le monde; je l'attribuais seulement à ses relations avec des personnages puissants; je croyais bien qu'elle était, ainsi que l'abbé d'Aigrigny, associée à de ténébreuses intrigues dont la religion était le voile; mais j'étais loin de croire à ce que vous m'apprenez.

— Et combien de choses vous ignorez encore! — reprit Rodin. — Si vous saviez, ma chère demoiselle, avec quel art ces gens-là vous environnent, à votre insu, d'agents qui leur sont dévoués! Lorsqu'ils ont intérêt à en être instruits, aucun de vos pas ne leur échappe. Puis, peu à peu, ils agissent lentement, prudemment et dans l'ombre; ils vous circonviennent par tous les moyens possibles, depuis la flatterie jusqu'à la terreur... vous séduisent ou vous effraient, pour vous dominer ensuite sans que vous ayez conscience de leur autorité; tel est leur but, et, il faut l'avouer, ils l'atteignent souvent avec une détestable habileté.

Rodin avait parlé avec tant de sincérité,

qu'Adrienne tressaillit; puis, se reprochant cette crainte, elle reprit :

— Et pourtant, non... non, jamais je ne pourrai croire à un pouvoir si infernal; encore une fois, la puissance de ces prêtres ambitieux est d'un autre âge... Dieu soit loué! ils ont disparu à tout jamais.

— Oui, certes, ils ont disparu, car ils savent se disperser et disparaître dans certaines circonstances; mais c'est surtout alors qu'ils sont le plus dangereux, car la défiance qu'ils inspiraient s'évanouit, et ils veillent toujours, eux, dans les ténèbres. Ah! ma chère demoiselle, si vous connaissiez leur effrayante habileté !... Dans ma haine contre tout ce qui est oppressif, lâche et hypocrite, j'avais étudié l'histoire de cette terrible compagnie avant de savoir que l'abbé d'Aigrigny en faisait partie. Ah! c'est à épouvanter... Si vous saviez quels moyens ils emploient!... Quand je vous dirai que, grâce à leurs ruses diaboliques, les apparences les plus pures, les plus dévouées, cachent souvent les piéges les plus horribles..
— Et les regards de Rodin parurent s'arrêter *par hasard* sur la Mayeux; mais, voyant qu'A-

drienne ne s'apercevait pas de cette insinuation, le jésuite reprit : — En un mot, êtes-vous en butte à leurs poursuites, ont-ils intérêt à vous capter, oh! de ce moment, défiez-vous de tout ce qui vous entoure, soupçonnez les attachements les plus nobles, les affections les plus tendres, car ces monstres parviennent quelquefois à corrompre vos meilleurs amis, et à s'en faire contre vous des auxiliaires d'autant plus terribles, que votre confiance est plus aveugle.

— Ah! c'est impossible — s'écria Adrienne révoltée — vous exagérez... Non, non, l'enfer n'aurait rien rêvé de plus horrible que de telles trahisons...

— Hélas!.. ma chère demoiselle... un de vos parents, M. Hardy, le cœur le plus loyal, le plus généreux, a été ainsi victime d'une trahison infâme... Enfin, savez-vous ce que la lecture du testament de votre aïeul nous a appris? C'est qu'il est mort victime de la haine de ces gens-là, et qu'à cette heure, après cent cinquante ans d'intervalle, ses descendants sont encore en butte à la haine de cette indestructible compagnie.

—Ah! monsieur... cela épouvante — dit Adrienne en sentant son cœur se serrer. — Mais il n'y a donc pas d'armes contre de telles attaques?...

— La prudence, ma chère demoiselle, la réserve la plus attentive, l'étude la plus incessamment défiante de tout ce qui vous approche.

— Mais c'est une vie affreuse qu'une telle vie! monsieur; mais c'est une torture que d'être ainsi en proie à des soupçons, à des doutes, à des craintes continuelles!

— Eh! sans doute!... ils le savent bien, les misérables... C'est ce qui fait leur force;... souvent ils trompent par l'excès même des précautions que l'on prend contre eux. Aussi, ma chère demoiselle, et vous, digne et brave soldat, au nom de ce qui vous est cher, défiez-vous, ne hasardez pas légèrement votre confiance; prenez bien garde, vous avez failli être victime de ces gens-là; vous les aurez toujours pour ennemis implacables... Et vous aussi, pauvre et intéressante enfant — ajouta le jésuite en s'adressant à la Mayeux — suivez mes conseils... craignez-les... ne dormez que d'un œil, comme dit le proverbe.

— Moi, monsieur — dit la Mayeux; qu'ai-je fait? qu'ai-je à craindre?

— Ce que vous avez fait? Eh! mon Dieu... N'aimez-vous pas tendrement cette chère demoiselle, votre protectrice? n'avez-vous pas tenté de venir à son secours? N'êtes-vous pas la sœur adoptive du fils de cet intrépide soldat, du brave Agricol? Hélas! pauvre enfant, ne voilà-t-il pas assez de titres à leur haine, malgré votre obscurité? Ah! ma chère demoiselle, ne croyez pas que j'exagère. Réfléchissez... réfléchissez... Songez à ce que je viens de rappeler au fidèle compagnon d'armes du maréchal Simon, relativement à son emprisonnement à Leipsick; songez à ce qui vous est arrivé à vous-même, que l'on a osé conduire ici au mépris de toute loi, de toute justice? Et alors vous verrez qu'il n'y a rien d'exagéré dans ce tableau de la puissance occulte de cette compagnie... Soyez toujours sur vos gardes, et surtout, ma chère demoiselle, dans tous les cas douteux, ne craignez pas de vous adresser à moi. En trois jours j'ai assez appris par ma propre expérience, sur leur manière d'agir, pour pouvoir vous indiquer un piége, une ruse, un danger, et vous en défendre.

— Dans une pareille circonstance, monsieur — répondit mademoiselle de Cardoville — à défaut de reconnaissance, mon intérêt ne vous désignerait-il pas comme mon meilleur conseiller?

Selon la tactique habituelle des fils de Loyola, qui tantôt nient eux-mêmes leur propre existence afin d'échapper à leurs adversaires, tantôt, au contraire, proclament avec audace la puissance vivace de leur organisation afin d'intimider les faibles, Rodin avait éclaté de rire au nez du régisseur de la terre de Cardoville, lorsque celui-ci avait parlé de l'existence des *jésuites*, tandis qu'à ce moment, en retraçant ainsi leurs moyens d'action, il tâchait, et il avait réussi à jeter dans l'esprit de mademoiselle de Cardoville quelques germes de frayeur, qui devaient peu à peu se développer par la réflexion, et servir plus tard les projets sinistres qu'il méditait.

La Mayeux ressentait toujours une grande frayeur à l'endroit de Rodin; pourtant, depuis qu'elle l'avait entendu dévoiler à Adrienne la sinistre puissance de l'ordre qu'il disait si redoutable, la jeune ouvrière, loin de soupçonner le jésuite d'avoir l'audace de parler ainsi d'une association dont il était membre, lui savait gré, presque malgré elle, des importants conseils qu'il venait de donner à mademoiselle de Cardoville.

Le nouveau regard qu'elle jeta sur lui à la dérobée (et que Rodin surprit aussi, car il observait la jeune fille avec une attention soutenue) fut empreint d'une gratitude pour ainsi dire étonnée.

Devinant cette impression, voulant l'améliorer encore, tâcher de détruire les fâcheuses préventions de la Mayeux, et aller surtout au devant d'une révélation qui devait être faite tôt ou tard, le jésuite eut l'air d'avoir oublié quelque chose de fort important, et s'écria en se frappant le front :

— A quoi pensé-je donc? Puis, s'adressant à la Mayeux :

— Savez-vous, ma chère fille, où est votre sœur?

Aussi interdite qu'attristée de cette question inattendue, la Mayeux répondit en rougissant beaucoup, car elle se rappelait sa dernière entrevue avec la brillante reine Bacchanal :

— Il y a quelques jours que je n'ai vu ma sœur, monsieur.

— Eh bien! ma chère fille, elle n'est pas heureuse — dit Rodin; — j'ai promis à une de ses amies de lui envoyer un petit secours; je me suis adressé à une personne charitable; voici ce que l'on m'a donné pour elle... — Et il tira de sa poche un rouleau cacheté qu'il remit à la Mayeux aussi surprise qu'attendrie.

— Vous avez une sœur malheureuse,... et je n'en sais rien — dit vivement Adrienne à l'ouvrière; — ah! mon enfant, c'est mal!

— Ne la blâmez pas... — dit Rodin. — D'abord elle ignorait que sa sœur fût malheureuse, et puis elle ne pouvait pas vous demander, *à vous*, ma chère demoiselle, de vous y intéresser.

Et comme mademoiselle de Cardoville regardait Rodin avec étonnement, il ajouta en s'adressant à la Mayeux :

— N'est-il pas vrai, ma chère fille?

— Oui, monsieur — dit l'ouvrière en baissant les yeux et rougissant de nouveau; puis elle ajouta vivement et avec anxiété :

— Mais, ma sœur, monsieur, où l'avez-vous vue? où est-elle? comment est-elle malheureuse?

— Tout ceci serait trop long à vous dire, ma chère fille, allez le plus tôt possible rue Clovis, maison de la fruitière, demandez à parler à votre sœur de la part de M. Charlemagne ou de M. Rodin, comme vous voudrez, car je suis également connu dans ce pied-à-terre sous mon nom de baptême comme sous mon nom de famille, et vous saurez le reste... Dites seulement à votre sœur que, si elle est sage, que si elle persiste dans ses bonnes résolutions, l'on continuera de s'occuper d'elle.

La Mayeux, de plus en plus surprise, allait répondre à Rodin, lorsque la porte s'ouvrit, et M. de Gernande entra.

La figure du magistrat était grave et triste.

— Et les filles du maréchal Simon! — s'écria mademoiselle de Cardoville.

— Malheureusement je ne vous les amène pas — répondit le juge.

— Et où sont-elles, monsieur? qu'en a-t-on fait? Avant-hier encore elles étaient dans ce couvent! — s'écria Dagobert bouleversé de ce complet renversement de ses espérances.

A peine le soldat eut-il prononcé ces mots, que, profitant du mouvement qui groupait les acteurs de cette scène autour du magistrat, Rodin se recula de quelques pas, gagna discrètement la porte, et disparut sans que personne se fût aperçu de son absence.

Pendant que le soldat, ainsi rejeté tout à coup au plus profond de son désespoir, regardait M. de Gernande, attendant sa réponse avec angoisse, Adrienne dit au magistrat :

— Mais, mon Dieu! monsieur, lorsque vous vous êtes présenté dans le couvent, que vous a répondu la supérieure au sujet de ces jeunes filles?

— La supérieure a refusé de s'expliquer, mademoiselle. — Vous prétendez, monsieur — m'a-t-elle dit — que les jeunes personnes dont vous parlez sont retenues ici contre leur gré;... puisque la loi vous donne cette fois le droit de pénétrer dans cette maison, visitez-la... — Mais, madame, veuillez me répondre positivement — ai-je dit à la supérieure — affirmez-vous être complétement étrangère à la séquestration des jeunes filles que je viens réclamer? — Je n'ai rien à dire à ce sujet, monsieur. Vous vous dites autorisé à faire des perquisitions; faites-les. — Ne pouvant obtenir d'autres explications — ajouta le magistrat — j'ai parcouru le couvent dans toutes ses parties, je me suis fait ouvrir toutes les chambres;... mais malheureusement je n'ai trouvé aucune trace de ces jeunes filles...

—Ils les auront envoyées dans un autre endroit — s'écria Dagobert — et qui sait?.. bien malades peut-être... Ils les tueront, mon Dieu! ils les tueront! — s'écria-t-il avec un accent déchirant.

— Après un tel refus, que faire, mon Dieu! quel parti prendre? Ah! de grâce, éclairez-nous, monsieur, vous notre conseil, vous notre Providence — dit Adrienne en se retournant pour parler à Rodin, qu'elle croyait derrière elle. — Quel serait votre...

Puis s'apercevant que le jésuite avait tout à coup disparu, elle dit à la Mayeux avec inquiétude :

— Et M. Rodin, où est-il donc?

— Je ne sais pas, mademoiselle — répondit la Mayeux en regardant autour d'elle; — il n'est plus là.

— Cela est étrange! — dit Adrienne — disparaître si brusquement!...

— Quand je vous disais que c'était un traître — s'écria Dagobert en frappant du pied avec rage; — ils s'entendent tous...

— Non, non — dit mademoiselle de Cardoville; — ne croyez pas cela; mais l'absence de M. Rodin n'en est pas moins très-regrettable, car, dans cette circonstance difficile, grâce à la position que M. Rodin a occupée auprès de M. d'Aigrigny, il aurait pu peut-être donner d'utiles renseignements.

— Je vous avouerai, mademoiselle, que j'y comptais presque — dit M. de Gernande — et j'étais revenu ici autant pour vous apprendre le fâcheux résultat de mes recherches que pour demander à cet homme de cœur et de droiture, qui a si courageusement dévoilé d'odieuses machinations, de nous éclairer de ses conseils dans cette circonstance.

Chose assez étrange! depuis quelques instants Dagobert, profondément absorbé, n'apportait plus aucune attention aux paroles du magistrat si importantes pour lui. Il ne s'aperçut même pas du départ de M. de Gernande, qui se retira après avoir promis à Adrienne de ne rien négliger pour arriver à connaître la vérité au sujet de la disparition des orphelines.

Inquiète de ce silence, voulant quitter à l'instant la maison et engager Dagobert à l'accompagner, Adrienne, après un coup d'œil d'intelligence échangé avec la Mayeux, s'approchait du soldat, lorsqu'on entendit au dehors de la chambre des pas précipités et une voix mâle et sonore s'écriant avec impatience :

— Où est-il ? où est-il ?

A cette voix, Dagobert eut l'air de s'éveiller en sursaut, fit un bond, poussa un cri et se précipita vers la porte.

Elle s'ouvrit...

Le maréchal Simon y parut.

CHAPITRE IV.

PIERRE SIMON.

Le maréchal Pierre Simon, duc de Ligny, était de haute taille; simplement vêtu d'une redingote bleue fermée jusqu'à la dernière boutonnière, où se nouait un bout de ruban rouge.

On ne pouvait voir une physionomie plus loyale, plus expansive, d'un caractère plus chevaleresque que celle du maréchal; il avait le front large, le nez aquilin, le menton fermement accusé, et le teint brûlé par le soleil de l'Inde. Ses cheveux, coupés très-ras, grisonnaient sur les tempes; mais ses sourcils étaient encore aussi noirs que sa large moustache retombante; sa démarche libre, hardie, ses mouvements décidés, témoignaient de son impétuosité militaire. Homme du peuple, homme de guerre et d'élan, la chaleureuse cordialité de sa parole appelait la bienveillance et la sympathie; aussi éclairé qu'intrépide, aussi généreux que sincère, on remarquait surtout en lui une mâle fierté plébéienne; ainsi que d'autres sont fiers d'une haute naissance, il était fier, lui, de son obscure origine, parce qu'elle était ennoblie par le grand caractère de son père, républicain rigide, intelligent et laborieux artisan, depuis quarante ans l'honneur, l'exemple, la glorification des travailleurs.

En acceptant avec reconnaissance le titre aristocratique dont l'Empereur l'avait décoré, Pierre Simon avait agi comme ces gens délicats qui, recevant d'une affectueuse amitié un don parfaitement inutile, l'acceptent avec reconnaissance en faveur de la main qui l'offre.

Le culte religieux de Pierre Simon envers l'Empereur n'avait jamais été aveugle; autant son dévouement, son ardent amour pour son idole fut instinctif et pour ainsi dire fatal... autant son admiration fut grave et raisonnée. Loin de ressembler à ces traîneurs de sabre qui n'aiment la bataille que pour la bataille, non-seulement le maréchal Simon admirait son héros comme le plus grand capitaine du monde, mais il l'admirait surtout parce qu'il savait que l'Empereur avait fait ou accepté la guerre dans l'espoir d'imposer un jour la paix au monde; car si la paix consentie par la gloire et par la force est grande, féconde et magnifique, la paix consentie par la faiblesse et par la lâcheté est stérile, désastreuse et déshonorante.

Fils d'artisan, Pierre Simon admirait encore l'Empereur, parce que cet impérial parvenu avait toujours su faire noblement vibrer la fibre populaire, et que, se souvenant du peuple dont il était sorti, il l'avait fraternellement convié à jouir de toutes les pompes de l'aristocratie et de la royauté.

. . . .

Lorsque le maréchal Simon entra dans la chambre, ses traits étaient altérés; à la vue de Dagobert, un éclair de joie illumina son visage; il se précipita vers le soldat en lui tendant les bras, et s'écria :

— Mon ami!! mon vieil ami!..

Dagobert répondit avec une muette effusion à cette affectueuse étreinte, puis le maréchal, se dégageant de ses bras, et attachant sur lui des yeux humides, lui dit d'une voix si palpitante d'émotion que ses lèvres tremblaient :

— Eh bien! tu es arrivé à temps pour le 13 février?

— Oui, mon général... Mais tout est remis à quatre mois...

— Et... ma femme?... mon enfant?...

A cette question, Dagobert tressaillit, baissa la tête et resta muet...

— Ils ne sont donc pas ici? — demanda Pierre Simon avec plus de surprise que d'inquiétude. — On m'a dit chez toi que ni ma femme ni mon enfant n'y étaient; mais que je te trouverais... dans cette maison... je suis accouru... ils n'y sont donc pas?

— Mon général... — dit Dagobert en devenant d'une grande pâleur— mon général...

Puis essuyant les gouttes de sueur froide qui perlaient sur son front, il ne put articuler une parole de plus, sa voix s'arrêtait dans son gosier desséché.

— Tu me fais... peur!

S'écria Pierre Simon en devenant pâle comme son soldat et en le saisissant par le bras.

A ce moment Adrienne s'avança, les traits empreints de tristesse et d'attendrissement; voyant le cruel embarras de Dagobert, elle voulut venir à son aide et dit à Pierre Simon d'une voix douce et émue :

— Monsieur le maréchal... je suis mademoiselle de Cardoville... une parente... de vos chères enfants...

Pierre Simon se retourna vivement, aussi frappé de l'éblouissante beauté d'Adrienne que des paroles qu'elle venait de prononcer... Il balbutia dans sa surprise :

— Vous, mademoiselle,.. parente.. de *mes enfants...*

Et il appuya sur ces mots en regardant Dagobert avec stupeur.

— Oui, monsieur le maréchal.. *vos* enfants.. — se hâta de dire Adrienne — et l'amour de ces deux charmantes sœurs jumelles...

— Sœurs jumelles! — s'écria Pierre Simon en interrompant mademoiselle de Cardoville avec une explosion de joie impossible à rendre.

— Deux filles au lieu d'une. Ah! combien leur mère doit être heureuse.. — Puis il ajouta en s'adressant à Adrienne :

— Pardon, mademoiselle, d'être si peu poli, de vous remercier si mal de ce que vous m'apprenez;.. mais vous concevez, il y a dix-sept ans que je n'ai vu ma femme.. J'arrive.. et au lieu de trouver deux êtres à chérir.. j'en trouve trois... De grâce, mademoiselle, je désirerais savoir toute la reconnaissance que je vous dois. Vous êtes notre parente; je suis sans doute ici chez vous... Ma femme, mes enfants sont là... n'est-ce pas?.. Craignez-vous que ma brusque apparition ne leur soit mauvaise? j'attendrai;.. mais tenez, mademoiselle, j'en suis certain, vous êtes aussi bonne que belle... Ayez pitié de mon impatience... Préparez-les bien vite toutes les trois..à me revoir.

Dagobert, de plus en plus ému, évitait les regards du maréchal et tremblait comme la feuille.

Adrienne baissait les yeux sans répondre; son cœur se brisait à la pensée de porter un coup terrible au maréchal Simon.

Celui-ci s'étonna bientôt de ce silence; regardant tour à tour Adrienne et le soldat d'un air d'abord inquiet et bientôt alarmé, il s'écria :

— Dagobert... tu me caches quelque chose...

— Mon général... — répondit-il en balbutiant — je vous assure... je... je...

— Mademoiselle — s'écria Pierre Simon — par pitié, je vous en conjure, parlez-moi franchement, mon anxiété est horrible... Mes premières craintes reviennent... Qu'y a-t il?... Mes filles... ma femme sont-elles malades? sont-elles en danger? Oh! parlez! parlez!

— Vos filles, monsieur le maréchal — dit Adrienne — ont été un peu souffrantes... par suite de leur long voyage; mais il n'y a rien d'inquiétant dans leur état.

— Mon Dieu!... c'est ma femme... alors... c'est ma femme qui est en danger.

— Du courage, monsieur — dit tristement mademoiselle de Cardoville. — Hélas! il vous faut chercher des consolations dans la tendresse des deux anges qui vous restent.

— Mon général — dit Dagobert d'une voix ferme et grave — je suis venu de Sibérie... seul... avec vos deux filles.

— Et leur mère! leur mère! — s'écria Pierre Simon d'une voix déchirante.

— Le lendemain de sa mort, je me suis mis en route avec les deux orphelines — répondit le soldat.

— Morte!... — s'écria Pierre Simon avec accablement — morte... — Un morne silence lui répondit.

A ce coup inattendu, le maréchal chancela, s'appuya au dossier d'une chaise et tomba assis en cachant son visage dans ses mains.

Pendant quelques minutes on n'entendit que des sanglots étouffés; car non-seulement Pierre Simon aimait sa femme avec idolâtrie, pour toutes les raisons que nous avons dites au commencement de cette histoire, mais par un de ces singuliers compromis que l'homme long-temps et cruellement éprouvé, fait, pour ainsi dire, avec la destinée, Pierre Simon, fataliste comme toutes les âmes tendres, se croyant en droit de compter enfin sur du bonheur après tant d'années de souffrances, n'avait pas un moment douté qu'il retrouverait sa femme et son enfant, double consolation que la destinée lui devait, après de si grandes traverses.

Au contraire de certaines gens, que l'habitude de l'infortune rend moins exigeants, Pierre Simon avait compté sur un bonheur aussi complet que l'avait été son malheur... Sa femme et son enfant, telles étaient les conditions uniques, indispensables de la félicité qu'il attendait; sa femme eût survécu à ses filles, qu'elle ne les eût pas plus remplacées pour lui qu'elles ne remplaçaient leur mère à ses yeux; faiblesse ou *cupidité* de cœur, cela était ainsi; nous insistons sur cette singularité, parce que les suites de cet incessant et douloureux chagrin exerceront une grande influence sur l'avenir du maréchal Simon.

Adrienne et Dagobert avaient respecté la douleur accablante de ce malheureux homme. Lorsqu'il eut donné un libre cours à ses larmes, il redressa son mâle visage, alors d'une pâleur marbrée, passa la main sur ses yeux rougis, se leva et dit à Adrienne :

— Pardonnez-moi, mademoiselle... je n'ai pu vaincre ma première émotion... Permettez-moi de me retirer... J'ai de cruels détails à demander au digne ami qui n'a quitté ma femme qu'à son dernier moment... Veuillez avoir la bonté de me faire conduire auprès de mes enfants... de mes pauvres orphelines !...

Et la voix du maréchal s'altéra de nouveau.

— Monsieur le maréchal — dit mademoiselle de Cardoville — tout à l'heure encore nous attendions ici vos chères enfants... malheureusement, notre espérance a été trompée...

Pierre Simon regarda d'abord Adrienne sans lui répondre, et comme s'il ne l'avait pas entendue ou comprise.

— Mais rassurez-vous — reprit la jeune fille — il ne faut pas encore désespérer...

— Désespérer? — répéta machinalement le maréchal en regardant tour à tour mademoiselle de Cardoville et Dagobert — désespérer! et de quoi? mon Dieu!

— De revoir vos enfants, monsieur le maréchal — dit Adrienne — votre présence, à vous leur père... rendra les recherches bien plus efficaces.

— Les recherches!... — s'écria Pierre Simon. — Mes filles ne sont donc pas ici?

— Non, monsieur — dit enfin Adrienne — on les a enlevées à l'affection de l'excellent homme qui les avait amenées du fond de la Russie, et on les a conduites dans un couvent...

— Malheureux! — s'écria Pierre Simon en s'avançant menaçant et terrible vers Dagobert; — tu me répondras de tout...

— Ah! monsieur! ne l'accusez pas! — s'écria mademoiselle de Cardoville.

— Mon général — dit Dagobert d'une voix brève mais douloureusement résignée — je mérite votre colère... c'est ma faute;

forcé de m'absenter de Paris, j'ai confié les enfants à ma femme; son confesseur lui a tourné l'esprit, lui a persuadé que vos filles seraient mieux dans un couvent que chez nous; elle l'a cru, elle les y a laissé conduire; maintenant... on dit au couvent qu'on ne sait pas où elles sont; voilà la vérité... faites de moi ce que vous voudrez... je n'ai qu'à me taire et à endurer.

— Mais c'est infâme!... — s'écria Pierre Simon en désignant Dagobert avec un geste d'indignation désespérée; — mais en qui donc se confier... si celui-là m'a trompé... mon Dieu!...

— Ah! monsieur le maréchal, ne l'accusez pas — s'écria mademoiselle de Cardoville — ne le croyez pas: il a risqué sa vie, son honneur, pour arracher vos enfants de ce couvent... et il n'est pas le seul qui ait échoué dans cette tentative; tout à l'heure encore un magistrat... malgré le caractère, malgré l'autorité dont il est revêtu... n'a pas été plus heureux. Sa fermeté envers la supérieure, ses recherches minutieuses dans le couvent ont été vaines; impossible jusqu'à présent de retrouver ces malheureuses enfants.

— Mais ce couvent — s'écria le maréchal Simon en se redressant, la figure pâle et bouleversée par la douleur et la colère — ce couvent, où est-il? ces gens-là ne savent donc pas ce que c'est qu'un père à qui on enlève ses enfants?

Au moment où le maréchal Simon prononçait ces paroles, tourné vers Dagobert, Rodin, tenant Rose et Blanche par la main, apparut à la porte, laissée ouverte. En entendant l'exclamation du maréchal, il tressaillit de surprise; un éclair de joie diabolique éclaira son sinistre visage, car il ne s'attendait pas à rencontrer Pierre Simon si à propos.

Mademoiselle de Cardoville fut la première qui s'aperçut de la présence de Rodin. Elle s'écria en courant à lui:

— Ah! je ne me trompais pas,... notre Providence,... toujours,... toujours...

— Mes pauvres petites — dit tout bas Rodin aux jeunes filles en leur montrant Pierre Simon : — c'est votre père.

— Monsieur ! s'écria Adrienne en accourant sur les pas de Rose et de Blanche — vos enfants !.. les voilà !...

Au moment où Pierre Simon se retournait brusquement, ses deux filles se jetèrent entre ses bras ; il se fit un profond silence, et l'on n'entendit plus que des sanglots entrecoupés de baisers et d'exclamations de joie.

Mais venez donc au moins jouir du bien que vous avez fait ! — dit mademoiselle de Cardoville en essuyant ses yeux et en retournant auprès de Rodin qui, resté dans l'embrasure de la porte où il s'appuyait, semblait contempler cette scène avec un profond attendrissement.

Dagobert, à la vue de Rodin ramenant les enfants, d'abord frappé de stupeur, n'avait pu faire un mouvement ; mais, entendant les paroles d'Adrienne et cédant à un élan de reconnaissance pour ainsi dire insensée, il se jeta à deux genoux devant le jésuite, en joignant ses mains comme s'il eût prié, et s'écria d'une voix entrecoupée :

— Vous m'avez sauvé en ramenant ces enfants...

— Ah! monsieur, soyez béni... — dit la Mayeux en cédant à l'entraînement général.

— Mes bons amis, c'est trop — dit Rodin, comme si tant d'émotions eussent été au dessus de ses forces ; — c'est en vérité trop pour moi ; excusez-moi auprès du maréchal... et dites-lui que je suis assez payé par la vue de son bonheur.

— Monsieur... de grâce... — dit Adrienne — que le maréchal vous connaisse, qu'il vous voie au moins.

— Oh! restez... vous qui nous sauvez tous — s'écria Dagobert en tâchant de retenir Rodin de son côté.

— La *Providence*, ma chère demoiselle, ne s'inquiète plus du bien qui est fait, mais du bien qui reste à faire... — dit Rodin avec un accent rempli de finesse et de bonté. — Ne faut-il pas à cette heure songer au prince Djalma? Ma tâche n'est pas finie, et les moments sont précieux.

— Allons — ajouta-t-il en se dégageant doucement de l'étreinte de Dagobert — allons, la journée a été aussi bonne que je l'espérais : l'abbé d'Aigrigny est démasqué, vous êtes libre, ma chère demoiselle; vous avez retrouvé votre croix, mon brave soldat; la Mayeux est assurée d'une protectrice, et M. le maréchal embrasse ses enfants... Je suis pour un peu dans toutes ces joies-là.. ma part est belle.. mon cœur content... Au revoir, mes amis, au revoir.

Ce disant, Rodin fit de la main un salut affectueux à Adrienne, à la Mayeux et à Dagobert, et disparut après leur avoir montré d'un regard ravi le maréchal Simon qui, assis et couvrant ses deux filles de larmes et de baisers, les tenait étroitement embrassées et restait étranger à ce qui se passait autour de lui.

. . . .

Une heure après cette scène, mademoiselle de Cardoville et la Mayeux, le maréchal Simon, ses deux filles et Dagobert avaient quitté la maison du docteur Baleinier.

. . . .

En terminant cet épisode, deux mots de *moralité* à l'endroit *des maisons d'aliénés* et *des couvents*.

Nous l'avons dit, et nous le répétons, la

législation qui régit la surveillance des maisons d'aliénés nous paraît insuffisante.

Des faits récemment portés devant les tribunaux, d'autres faits d'une haute gravité qui nous ont été confiés, nous semblent évidemment prouver cette insuffisance.

Sans doute il est accordé aux magistrats toute latitude pour visiter les maisons d'aliénés; cette visite leur est même recommandée; mais *nous savons de source certaine* que les nombreuses et incessantes occupations des magistrats, dont le personnel est d'ailleurs très-souvent hors de proportion avec les travaux qui les surchargent, rendent ces inspections tellement rares, qu'elles sont pour ainsi dire illusoires.

Il nous semblerait donc utile de créer des inspections au moins semi-mensuelles, particulièrement affectées à la surveillance des maisons d'aliénés et composées d'un médecin et d'un magistrat, afin que les réclamations fussent soumises à un examen contradictoire.

Sans doute, la justice ne fait jamais défaut lorsqu'elle est suffisamment édifiée; mais combien de formalités, combien de difficultés pour qu'elle le soit, et surtout lorsque le malheureux qui a besoin d'implorer son appui, se trouvant dans un état de suspicion, d'isolement, de séquestration forcée, n'a pas au dehors un ami pour prendre sa défense et réclamer en son nom auprès de l'autorité!

N'appartient-il donc pas au pouvoir civil d'aller au-devant de ces réclamations par une surveillance périodique fortement organisée?

Et ce que nous disons des maisons d'aliénés doit s'appliquer peut-être plus impérieusement encore aux couvents de femmes, aux séminaires et aux maisons habitées par des congrégations.

Des griefs aussi très-récents, très-évidents, et dont la France entière a retenti, ont malheureusement prouvé que la violence, que les séquestrations, que les traitements barbares, que les détournements de mineures, que l'emprisonnement illégal, accompagné de torture, étaient des faits, sinon fréquents, du moins possibles, dans les maisons religieuses.

Il a fallu des hasards singuliers, d'audacieuses et cyniques brutalités, pour que ces détestables actions parvinssent à la connaissance du public. Combien d'autres victimes ont été et sont peut-être encore ensevelies dans ces grandes maisons silencieuses, où nul regard *profane* ne pénètre, et qui, de par les immunités du clergé, échappent à la surveillance du pouvoir civil!

N'est-il pas déplorable que ces demeures ne soient pas soumises aussi à une inspection périodique, composée, si l'on veut, d'un aumônier, d'un magistrat ou de quelque délégué de l'autorité municipale?

S'il ne se passe rien que de licite, que d'humain, que de charitable, dans ces établissements qui ont tout le caractère et par conséquent encourent toute la responsabilité des établissements publics, pourquoi cette révolte, pourquoi cette indignation courroucée du parti-prêtre, lorsqu'il s'agit de toucher à ce qu'il appelle ses franchises?

Il y a quelque chose au-dessus des constitutions délibérées et promulguées à Rome : — c'est la loi française, la loi commune à tous, qui accorde à tous protection, mais qui, en retour, impose à tous respect et obéissance.

CHAPITRE V.

L'INDIEN A PARIS.

Depuis trois jours, mademoiselle de Cardoville était sortie de chez le docteur Baleinier.

La scène suivante se passait dans une petite maison de la rue Blanche, où Djalma avait été conduit, au nom d'un protecteur inconnu.

Que l'on se figure un joli salon rond, tendu d'étoffe de l'Inde, fond gris-perle à dessins pourpres, sobrement rehaussés de quelques fils d'or; le plafond, vers son milieu, disparaît sous de pareilles draperies nouées et réunies par un gros cordon de soie; à chacun des deux bouts de ce cordon, retombant inégalement, est suspendue, en guise de gland, une petite lampe indienne de filigrane d'or, d'un merveilleux travail.

Par une de ces ingénieuses combinaisons, si communes dans les pays *barbares*, ces lampes servent aussi de brûle-parfums; de petites plaques de cristal bleu enchâssées au milieu de chaque vide laissé par la fantaisie des arabesques, et éclairées par une lumière intérieure, brillent d'un azur si limpide, que ces lampes d'or semblent constellées de saphirs transparents; de légers nuages de vapeur blanchâtre s'élèvent incessamment de ces deux lampes et répandent dans l'espace leur senteur embaumée.

Le jour n'arrive dans ce salon (il est environ deux heures de relevée) qu'en traversant une petite serre chaude, que l'on voit à travers une glace sans tain, formant porte-fenêtre, et pouvant disparaître dans l'épaisseur de la muraille, en glissant le long d'une rainure pratiquée au plancher. Un store de Chine peut, en s'abaissant, cacher ou remplacer cette glace.

Quelques palmiers nains, des musas et autres végétaux de l'Inde aux feuilles épaisses et d'un vert métallique, disposés en bosquets dans cette serre chaude, servent de perspective et, pour ainsi dire, de fond à deux larges massifs diaprés de fleurs exotiques, séparés par un petit chemin dallé en faïence japonnaise jaune et bleue, qui vient aboutir au pied de la glace.

Le jour, déjà considérablement affaibli par le réseau de feuilles qu'il traverse, prend une nuance d'une douceur singulière, en se combinant avec la lueur azurée des lampes à parfums, et les clartés vermeilles de l'ardent foyer d'une haute cheminée de porphyre oriental.

Dans cette pièce un peu obscure, tout imprégnée de suaves senteurs mêlées à l'odeur aromatique du tabac persan, un homme à chevelure brune et pendante, portant une longue robe d'un vert sombre, serrée autour des reins par une ceinture bariolée, est agenouillé sur un magnifique tapis de Turquie, il attise avec soin le fourneau d'or d'un *houka;* le flexible et long tuyau de cette pipe, après avoir déroulé ses nœuds sur le tapis, comme un serpent d'écarlate écaillé d'argent, aboutit entre les doigts ronds et effilés de Djalma, mollement étendu sur le divan.

Le jeune prince a la tête nue; ses cheveux de jais à reflets bleuâtres, séparés au milieu de son front, flottent onduleux et doux autour de son visage et de son cou d'une beauté antique et d'une couleur chaude, transparente, dorée comme l'ambre ou la topaze; accoudé sur un coussin, il appuie son menton sur la paume de sa main droite; la large manche de sa robe, retombant presque jusqu'à la saignée, laisse voir sur son bras, rond comme celui d'une femme, les signes mystérieux autrefois tatoués dans l'Inde par l'aiguille de l'Étrangleur.

Le fils de Khadja-Sing tient de sa main gauche le bouquin d'ambre de sa pipe. Sa robe de magnifique cachemire blanc, dont la bordure palmée de mille couleurs monte jusqu'à ses genoux, est serrée à sa taille mince et cambrée par les larges plis d'un châle orange; le galbe élégant et pur de l'une des jambes de cet Antinoüs asiatique, à demi découverte par un pli de sa robe, se dessine sous une espèce de guêtre, très-juste, en velours cramoisi,

brodée d'argent, échancrée sur le coude-
pied d'une petite mule de maroquin blanc à
talon rouge.

A la fois douce et mâle, la physionomie de
Djalma exprimait ce calme mélancolique et
contemplatif habituel aux Indiens et aux Arabes, heureux privilégiés qui, par un rare
mélange, unissent l'indolence méditative du
rêveur à la fougueuse énergie de l'homme
d'action; tantôt délicats, nerveux, impres-
sionnables comme des femmes, tantôt déter-
minés, farouches et sanguinaires comme des
bandits.

Et cette comparaison semi-féminine, appliquée au moral des Arabes et des Indiens,
tant qu'ils ne sont pas entraînés par l'élan de
la bataille ou l'ardeur du carnage, peut aussi
leur être appliquée presque physiquement;
car si, de même que les femmes de race pure,
ils ont les extrémités mignonnes, les attaches
déliées, les formes aussi fines que souples,
cette enveloppe délicate et souvent charmante
cache toujours des muscles d'acier, d'un ressort et d'une vigueur toute virile.

Les longs yeux de Djalma, semblables à des

diamants noirs enchâssés dans une nacre bleuâtre, errent machinalement des fleurs exotiques au plafond; de temps à autre, il approche de sa bouche le bout d'ambre du houka; puis, après une lente aspiration, entr'ouvrant ses lèvres rouges, fermement dessinées sur l'éblouissant émail de ses dents, il expire une petite spirale de fumée fraîchement aromatisée par l'eau de roses qu'elle traverse.

— Faut-il remettre du tabac dans le houka ? Dit l'homme agenouillé en se tournant vers Djalma et montrant les traits accentués et sinistres de Faringhea l'Étrangleur.

Le jeune prince resta muet, soit que, dans son mépris oriental pour certaines races, il dédaignât de répondre au métis, soit qu'absorbé dans ses rêveries il ne l'eût pas entendu.

L'Étrangleur se tut, s'accroupit sur le tapis, puis, les jambes croisées, les coudes appuyées sur ses genoux, son menton dans ses deux mains, et les yeux incessamment fixés sur Djalma, il attendit la réponse ou les ordres de celui dont le père était surnommé *le Père du Généreux*.

Comment Faringhea, ce sanglant sectateur

de Bohwanie, divinité du meurtre, avait-il accepté ou recherché des fonctions si humbles?

Comment cet homme, d'une portée d'esprit peu vulgaire, cet homme dont l'éloquence passionnée, dont la féroce énergie, avaient recruté tant de séides à la *Bonne-OEuvre*, s'était-il résigné à une condition si subalterne?

Comment enfin cet homme, qui, profitant de l'aveuglement du jeune prince à son égard, pouvait offrir une si belle proie à Bohwanie, respectait-il les jours du fils de Khadja-Sing?

Comment enfin s'exposait-il à la fréquente rencontre de Rodin, dont il était connu sous de fâcheux antécédents?

La suite de ce récit répondra à ces questions.

L'on peut seulement dire à cette heure qu'après un long entretien qu'il avait eu la surveille avec Rodin, l'Étrangleur l'avait quitté, l'œil baissé, le maintien discret.

Après avoir gardé le silence pendant quelque temps, Djalma, tout en suivant du regard la bouffée de fumée blanchâtre qu'il venait de lancer dans l'espace, s'adressant à Faringhea sans tourner les yeux vers lui, lui dit dans ce langage à la fois hyperbolique et concis, assez familier aux Orientaux :

— L'heure passe;... le vieillard au cœur bon n'arrive pas;.. mais il viendra... Sa parole est sa parole.

— Sa parole est sa parole, monseigneur — répéta Faringhea d'un ton affirmatif; — quand il a été vous trouver, il y a trois jours, dans cette maison où ces misérables, pour leurs méchants desseins, vous avaient conduit traîtreusement endormi, comme ils m'avaient endormi moi-même,... moi, votre serviteur vigilant et dévoué,... il vous a dit :

« L'ami inconnu qui vous a envoyé cher-
» cher au château de Cardoville m'adresse à
» vous, prince ; ayez confiance, suivez-moi ;
» une demeure digne de vous vous est pré-
» parée. »

Il vous a dit encore, monseigneur : « Con-
» sentez à ne pas sortir de cette maison jusqu'à
» mon retour ; votre intérêt l'exige ; dans trois
» jours vous me reverrez, alors toute liberté
» vous sera rendue... » Vous avez consenti,

monseigneur, et depuis trois jours vous n'avez pas quitté cette maison...

— Et j'attends le vieillard avec impatience — dit Djalma — car cette solitude me pèse... Il doit y avoir tant de choses à admirer à Paris! Et surtout...

Djalma n'acheva pas, et retomba dans sa rêverie.

Après quelques moments de silence, le fils de Khadja-Sing dit tout à coup à Faringhea d'un ton de sultan impatient et désœuvré :

— Parle-moi!

— De quoi vous parler, monseigneur?

— De ce que tu voudras — dit Djalma avec un insouciant dédain, en attachant au plafond ses yeux à demi voilés de langueur; — une pensée me poursuit;... je veux m'en distraire... parle-moi...

Faringhea jeta un coup d'œil pénétrant sur les traits du jeune Indien; il les vit colorés d'une légère rougeur.

— Monseigneur — dit le métis — votre pensée... je la devine...

Djalma secoua la tête sans regarder l'Etrangleur. Celui-ci reprit :

— Vous songez aux femmes de Paris, monseigneur...

— Tais-toi, esclave... — dit Djalma.

Et il se retourna brusquement sur le sofa, comme si on eût touché le vif d'une blessure douloureuse.

Faringhea se tut.

Au bout de quelques moments, Djalma reprit avec impatience, en jetant au loin le tuyau du houka et cachant ses deux yeux sous ses mains :

— Tes paroles valent encore mieux que ce silence... Maudites soient mes pensées, maudit soit mon esprit qui évoque ces fantômes.

— Pourquoi fuir ces pensées, monseigneur? Vous avez dix-neuf ans, votre adolescence s'est tout entière passée à la guerre ou en prison, et jusqu'à ce jour vous êtes resté aussi chaste que Gabriel, ce jeune prêtre chrétien notre compagnon de voyage.

Quoique Faringhea ne se fût en rien départi de sa respectueuse déférence envers le prince, celui-ci sentit une légère ironie percer à travers l'accent du métis, lorsqu'il prononça le mot *chaste*.

Djalma lui dit avec un mélange de hauteur et de sévérité :

— Je ne veux pas, auprès de ces civilisés, passer pour un barbare, comme ils nous appellent;... aussi je me glorifie d'être chaste.

— Je ne vous comprends pas, monseigneur.

— J'aimerai peut-être une femme pure, comme l'était ma mère lorsqu'elle a épousé mon père... et ici, pour exiger la pureté d'une femme, il faut être chaste comme elle...

A cette énormité, Faringhea ne put dissimuler un sourire sardonique.

— Pourquoi ris-tu, esclave? — dit impérieusement le jeune prince.

— Chez les *civilisés*... comme vous dites, monseigneur, l'homme qui se marierait dans toute la fleur de son innocence... serait blessé à mort par le ridicule.

— Tu mens, esclave; il ne serait ridicule que s'il épousait une jeune fille qui ne fût pas pure comme lui.

— Alors, monseigneur, au lieu d'être blessé... il serait tué par le ridicule, car il serait deux fois impitoyablement raillé...

— Tu mens,... tu mens... ou, si tu dis vrai, qui t'a instruit?

— J'avais vu des femmes parisiennes à l'île de France et à Pondichéry, monseigneur; puis j'ai beaucoup appris pendant notre traversée : je causais avec un jeune officier pendant que vous causiez avec le jeune prêtre.

— Ainsi, comme les sultans de nos harems, les civilisés exigent des femmes une innocence qu'ils n'ont plus.

— Ils en exigent d'autant plus qu'ils en ont moins, monseigneur.

— Exiger ce qu'on n'accorde pas, c'est agir de maître à esclave, et ici de quel droit cela?

— Du droit que prend celui qui fait le droit... c'est comme chez nous, monseigneur.

— Et les femmes, que font-elles?

— Elles empêchent les fiancés d'être trop ridicules aux yeux du monde lorsqu'ils se marient.

— Et une femme qui trompe... ici on la tue? — dit Djalma en se redressant brusquement et attachant sur Faringhea un regard farouche qui étincela tout à coup d'un feu sombre:

— On la tue, monseigneur, toujours comme chez nous : femme surprise, femme morte.

— Despotes comme nous, pourquoi les civilisés n'enferment-ils pas comme nous leurs femmes pour les forcer à une fidélité qu'ils ne gardent pas?

— Parce qu'ils sont civilisés comme des barbares... et barbares comme des civilisés, monseigneur.

—Tout cela est triste, si tu dis vrai—reprit Djalma d'un air pensif. — Puis il ajouta avec une certaine exaltation et en employant, selon son habitude, le langage quelque peu mystique et figuré, familier à ceux de son pays :

— Oui, ce que tu me dis m'afflige, esclave... car deux gouttes de rosée du ciel se fondant ensemble dans le calice d'une fleur... ce sont deux cœurs confondus dans un virginal et pur amour... deux rayons de feu s'unissant en une flamme inextinguible, ce sont les brûlantes et éternelles délices de deux amants devenus époux.

Si Djalma parla des pudiques jouissances de l'âme avec un charme inexprimable, lorsqu'il peignit un bonheur moins idéal, ses yeux brillèrent comme des étoiles; il frissonna légèrement, ses narines se gonflèrent, l'or pâle de son teint devint vermeil, et le jeune prince retomba dans une rêverie profonde.

Faringhea ayant remarqué cette dernière émotion, reprit :

— Et si, comme le fier et brillant *oiseau-roi* (1) de notre pays, le sultan de nos bois, vous préfériez à des amours uniques et solitaires des plaisirs nombreux et variés; beau, jeune, riche comme vous l'êtes, monseigneur, si vous recherchiez ces séduisantes Parisiennes, vous savez... ces voluptueux fantômes de vos nuits, ces charmants tourmenteurs de vos rêves; si vous jetiez sur elles des regards hardis comme un défi, suppliants comme une prière ou brûlants comme un désir, croyez-vous que bien des yeux à demi voilés ne s'enflammeraient pas au feu de vos prunelles? Alors ce ne seraient plus les monotones délices d'un unique amour... chaîne pesante de notre vie; non, ce seraient les mille voluptés

(1) Variété de l'Oiseau de Paradis, gallinacé fort amoureux.

du harem,.. mais du harem peuplé de femmes libres et fières, que l'amour heureux ferait vos esclaves; pur et contenu jusqu'ici, il ne peut exister pour vous d'excès... croyez-moi donc; ardent, magnifique, c'est vous, fils de notre pays, qui deviendrez l'amour, l'orgueil, l'idolâtrie de ces femmes; et ces femmes les plus séduisantes du monde entier... n'auront bientôt plus que pour vous des regards languissants et passionnés !

Djalma avait écouté Faringhea avec un silence avide.

L'expression des traits du jeune Indien avait complétement changé : ce n'était plus cet adolescent mélancolique et rêveur, invoquant le saint souvenir de sa mère, et ne trouvant que dans la rosée du ciel, que dans le calice des fleurs, des images assez pures pour peindre la chasteté, l'amour qu'il rêvait; ce n'était même plus le jeune homme rougissant d'une ardeur pudique à la pensée des délices permises d'une union légitime. Non, non, les incitations de Faringhea avaient fait éclater tout à coup un feu souterrain : la physionomie enflammée de Djalma, ses yeux tour à tour étincelants et voilés, l'aspiration mâle et sonore de sa poitrine annonçaient l'embrasement de son sang et le bouillonnement de ses passions, d'autant plus énergiques qu'elles avaient été jusqu'alors plus contenues.

Aussi... s'élançant tout à-coup du divan, souple, vigoureux et léger comme un jeune tigre, Djalma saisit Faringhea à la gorge en s'écriant :

— C'est un poison brûlant que tes paroles!..

— Monseigneur — dit Faringhea sans opposer la moindre résistance — votre esclave est votre esclave...

Cette soumission désarma le prince.

— Ma vie vous appartient — répéta le métis.

— C'est moi qui t'appartiens, esclave! — s'écria Djalma en le repoussant. — Tout à l'heure j'étais suspendu à tes lèvres... dévorant tes dangereux mensonges!...

— Des mensonges, monseigneur!.. Paraissez seulement à la vue de ces femmes : leurs regards confirmeront mes paroles.

— Ces femmes m'aimeraient.. moi qui n'ai vécu qu'à la guerre et dans les forêts!

— En pensant que, si jeune, vous avez déjà fait une sanglante chasse aux hommes et aux tigres... elles vous adoreront, monseigneur.

— Tu mens...

— Je vous le dis, monseigneur, en voyant votre main qui, aussi délicate que les leurs, s'est si souvent trempée dans le sang ennemi, elles voudront la baiser... et la baiser encore en pensant que, dans nos forêts, votre carabine armée, votre poignard entre vos dents, vous avez souri aux rugissements du lion ou de la panthère que vous attendiez...

— Mais je suis un sauvage... un barbare...

— Et c'est pour cela qu'elles seront à vos pieds, elles se sentiront à la fois effrayées et charmées en songeant à toutes les violences, à toutes les fureurs, à tous les emportements de jalousie, de passion et d'amour auxquels un homme de votre sang, de votre jeunesse et de votre ardeur doit se livrer.. Aujourd'hui doux et tendre, demain ombrageux et farouche, un autre jour ardent et passionné... tel vous serez... tel il faut être pour les entraîner... Oui, oui, qu'un cri de rage s'échappe entre deux baisers, qu'un poignard luise entre deux caresses, qu'elles retombent enfin brisées, palpitantes de plaisir, d'amour et de frayeur... et vous ne serez plus pour elles un homme... mais un dieu...

— Tu crois?... s'écria Djalma, emporté malgré lui par la sauvage éloquence de l'Étrangleur.

— Vous savez... vous sentez que je dis vrai — s'écria celui-ci en étendant le bras vers le jeune Indien.

— Eh bien, oui — s'écria Djalma le regard étincelant, les narines gonflées, en parcourant le salon, pour ainsi dire, par soubresauts et par bonds sauvages — je ne sais si j'ai ma raison ou si je suis ivre, mais il me semble que tu dis vrai;... oui, je le sens, on m'aimera avec délire, avec furie... parce que j'aimerai avec délire, avec furie;... on frissonnera de plaisir, de frayeur, parce que moi-même... en pensant à cela, je frissonne de bonheur et d'épouvante... Esclave, tu dis vrai, ce sera quelque chose d'enivrant et de terrible que cet amour...

En prononçant ces mots, Djalma était superbe d'impétueuse sensualité; c'était chose belle et rare, l'homme arrivé pur et contenu jusqu'à l'âge où doivent se développer dans leur toute-puissante énergie les admirables instincts d'amour que Dieu a mis dans la créature, instincts qui, comprimés, faussés ou pervertis, peuvent altérer la raison ou s'égarer en débordements effrénés, en crimes effroyables, mais qui, dirigés vers une grande et noble passion, peuvent et doivent, par leur violence même, élever l'homme, par le dévouement et par la tendresse, jusqu'aux limites de l'idéal.

— Oh! cette femme... cette femme... devant qui je tremblerai et qui tremblera devant moi.. où est-elle donc? — s'écria Djalma dans un redoublement d'ivresse.. — La trouverai-je jamais?

— *Une*, c'est beaucoup, monseigneur — reprit Faringhea avec sa froideur sardonique : — qui cherche *une* femme la trouve rarement dans ce pays; qui cherche *des* femmes est embarrassé du choix.

. . . .
. . . .

Au moment où le métis faisait cette impertinente réponse à Djalma, on put voir à la petite porte du jardin de cette maison, porte qui s'ouvrait sur une ruelle déserte, s'arrêter une voiture *coupée*, d'une extrême élégance, à caisse bleue lapis et à train blanc, aussi rechampi de bleu; cette voiture était admirablement attelée de deux beaux chevaux de sang bai-doré à crins noirs; les écussons des harnais étaient d'argent ainsi que les boutons de la livrée des gens, livrée bleu-clair à collet blanc; sur la housse aussi bleue et galonnée de blanc ainsi que sur les panneaux des portières, on voyait des armoiries en losange sans cimier ni couronne, ainsi que cela est d'usage pour les jeunes filles.

Deux femmes étaient dans cette voiture, mademoiselle de Cardoville et Florine.

CHAPITRE VI.

LE RÉVEIL.

Pour expliquer la venue de mademoiselle de Cardoville à la porte du jardin de la maison occupée par Djalma, il faut jeter un coup d'œil rétrospectif sur les événements.

Mademoiselle de Cardoville, en quittant la maison du docteur Baleinier, était allée s'établir dans son hôtel de la rue d'Anjou. Pendant les derniers mois de son séjour chez sa tante, Adrienne avait fait secrètement restaurer et meubler cette belle habitation, dont le luxe et l'élégance venaient d'être encore augmentés de toutes les merveilles du pavillon de l'hôtel de Saint-Dizier.

Le *monde* trouvait fort extraordinaire qu'une jeune fille de l'âge et de la condition de mademoiselle de Cardoville eût pris la résolution de vivre complétement seule, libre, et de tenir sa maison ni plus ni moins qu'un garçon majeur, une toute jeune veuve ou un mineur émancipé.

Le *monde* faisait semblant d'ignorer que mademoiselle de Cardoville possédait ce que ne possèdent pas tous les hommes majeurs et deux fois majeurs : un caractère ferme, un esprit élevé, un cœur généreux, un sens très-droit et très-juste.

Jugeant qu'il lui fallait, pour la direction subalterne et pour la surveillance intérieure de sa maison, des personnes fidèles, Adrienne avait écrit au régisseur de la terre de Cardoville et à sa femme, anciens serviteurs de la famille, de venir immédiatement à Paris. M. Dupont devant ainsi remplir les fonctions d'intendant, et madame Dupont celles de femme de charge; un ancien ami du père de mademoiselle de Cardoville, le comte de Montbron, vieillard des plus spirituels, jadis homme fort à la mode, mais toujours trèsconnaisseur en toutes sortes d'élégances, avait conseillé à Adrienne d'agir en princesse et de prendre un écuyer, lui indiquant, pour remplir ces fonctions, un homme fort bien élevé, d'un âge plus que mûr, qui, grand amateur de chevaux, après s'être ruiné en Angleterre, à Newmarket, au derby, et chez Tatersall (1), avait été réduit, ainsi que cela arrive souvent à des gentlemen de ce pays, à conduire les diligences à grandes guides, trouvant dans ces fonctions un gagne-pain honorable et un moyen de satisfaire son goût pour les chevaux. Tel était M. de Bonneville, le protégé du comte de Montbron. Par son âge et par ses habitudes de savoir-vivre, cet écuyer pouvait accompagner mademoiselle de Cardoville à cheval, et, mieux que personne, surveiller l'écurie et la tenue des voitures. Il accepta donc cet emploi avec reconnaissance, et, grâce à ses soins éclairés, les attelages de mademoiselle de Cardoville purent rivaliser avec ce qu'il y avait en ce genre de plus élégant à Paris.

(1) Célèbre marchand et entrepositeur de chevaux, de meutes, etc., etc., à Londres.

Mademoiselle de Cardoville avait repris ses femmes, Hébé, Georgette et Florine.

Celle-ci avait dû d'abord entrer chez la princesse de Saint-Dizier pour y continuer son rôle de *surveillante* au profit de la supérieure du couvent de Sainte-Marie; mais, ensuite de la nouvelle direction donnée à l'affaire Rennepont par Rodin, il fut décidé que Florine, si la chose se pouvait, reprendrait son service auprès de mademoiselle de Cardoville. Cette place de confiance, mettant cette malheureuse créature à même de rendre d'importants et ténébreux services aux gens qui tenaient son sort entre leurs mains, la contraignait à une trahison infâme.

Malheureusement tout avait favorisé cette machination.

On le sait : Florine, dans une entrevue avec la Mayeux, peu de jours après que mademoiselle de Cardoville fut renfermée chez le docteur Baleinier, Florine, cédant à un mouvement de repentir, avait donné à l'ouvrière des conseils très-utiles aux intérêts d'Adrienne, en faisant dire à Agricol de ne pas remettre à madame de Saint-Dizier les papiers qu'il avait trouvés dans la cachette du pavillon, mais de ne les confier qu'à mademoiselle de Cardoville elle-même. Celle-ci, instruite plus tard de ce détail par la Mayeux, ressentit un redoublement de confiance et d'intérêt pour Florine, la reprit à son service presque avec reconnaissance, et la chargea aussitôt d'une mission toute confidentielle, c'est-à-dire de surveiller les arrangements de la maison louée pour l'habitation de Djalma.

Quant à la Mayeux, cédant aux sollicitations de mademoiselle de Cardoville, et ne se voyant plus utile à la femme de Dagobert, dont nous parlerons plus tard, elle avait consenti à demeurer à l'hôtel de la rue d'Anjou, auprès d'Adrienne, qui, avec cette rare sagacité de cœur qui la caractérisait, avait confié à la jeune ouvrière, qui lui servait aussi de secrétaire, le *département* des secours et aumônes.

Mademoiselle de Cardoville avait d'abord songé à garder auprès d'elle la Mayeux, simplement à titre d'*amie*, voulant ainsi honorer et glorifier en elle la probité dans le travail, la résignation dans la douleur, et l'intelligence dans la pauvreté; mais connaissant la dignité naturelle de la jeune fille, elle craignit avec raison que, malgré la circonspection délicate avec laquelle cette hospitalité toute fraternelle serait présentée à la Mayeux, celle-ci n'y vît une aumône déguisée; Adrienne préféra donc, toujours en la traitant en amie, lui donner un emploi tout intime. De cette façon la juste susceptibilité de l'ouvrière serait ménagée, puisqu'elle *gagnerait sa vie* en remplissant des fonctions qui satisferaient ses instincts si adorablement charitables.

En effet, la Mayeux pouvait, plus que personne, accepter la sainte mission que lui donnait Adrienne; sa cruelle expérience du malheur, la bonté de son âme angélique, l'élévation de son esprit, sa rare activité, sa pénétration à l'endroit des douloureux secrets de l'infortune, sa connaissance parfaite des classes pauvres et laborieuses disaient assez avec quel tact, avec quelle intelligence, l'excellente créature seconderait les généreuses intentions de mademoiselle de Cardoville.

. . . .

Parlons maintenant des divers événements qui, ce jour-là, avaient précédé l'arrivée de mademoiselle de Cardoville à la porte du jardin de la maison de la rue Blanche.

Vers les dix heures du matin, les volets de la chambre à coucher d'Adrienne, hermétiquement fermés, ne laissaient pénétrer aucun rayon du jour dans cette pièce, seulement éclairée par la lueur d'une lampe sphérique en albâtre oriental, suspendue au plafond par trois longues chaînes d'argent.

Cette pièce, terminée en dôme, avait la forme d'une tente à huit pans coupés; depuis la voûte jusqu'au sol, elle était tendue de soie blanche, recouverte de longues draperies de mousseline blanche aussi, largement bouillonnée, et retenues le long des murs par des embrasses fixées de distance en distance à de larges patères d'ivoire.

Deux portes aussi d'ivoire merveilleusement incrusté de nacre conduisaient, l'une à la salle de bains, l'autre à la chambre de toilette, sorte de petit temple élevé au culte de la beauté, meublé comme il l'était au pavillon de l'hôtel Saint-Dizier.

8.

Deux autres pans étaient occupés par des fenêtres complétement cachées sous des draperies; en face du lit, on voyait encadrant de splendides chenets en argent ciselé une cheminée de marbre pentélique, véritable neige cristallisée, dans laquelle on avait sculpté deux ravissantes cariatides et une frise représentant des oiseaux et des fleurs; au-dessus de cette frise, et fouillée à jour dans le marbre avec une délicatesse extrême, était une sorte de corbeille ovale d'un contour gracieux qui remplaçait la table de la cheminée et était garnie d'une masses de camélias roses; leurs feuilles, d'un vert éclatant, leurs fleurs, d'une nuance légèrement carminée, étaient les seules couleurs qui vinssent accidenter l'harmonieuse blancheur de ce réduit virginal.

Enfin, à demi entouré de flots de mousseline blanche qui descendaient de la voûte comme de légers nuages; on apercevait le lit très-bas et à pieds d'ivoire richement sculptés, reposant sur le tapis d'hermine qui garnissait le plancher. Sauf une plinthe aussi d'ivoire admirablement travaillé et rehaussé de nacre, ce lit était partout doublé de satin blanc ouaté et piqué comme un immense sachet.

Les draps de batiste, garnis de valenciennes, s'étant quelque peu dérangés, découvraient l'angle d'un matelas recouvert de taffetas blanc, et le coin d'une légère couverture de moire, car il régnait sans cesse dans cet appartement une température égale et tiède comme celle d'un beau jour de printemps.

Par un scrupule singulier provenant de ce même sentiment qui avait fait inscrire à Adrienne, sur un chef-d'œuvre d'orfévrerie, le nom de son *auteur* au lieu du nom de son *vendeur*, elle avait voulu que tous ces objets, d'une somptuosité si recherchée, fussent confectionnés par des artisans choisis parmi les plus intelligents, les plus laborieux et les plus probes, à qui elle avait fait fournir les matières premières ; de la sorte, on avait pu ajouter, au prix de leur main-d'œuvre, ce dont auraient bénéficié les intermédiaires en spéculant sur leur travail ; cette augmentation de salaire considérable avait répandu quelque bonheur et quelque aisance dans cent familles nécessiteuses qui, bénissant ainsi la magnificence d'Adrienne, lui donnaient, disait-elle, le *droit de jouir de son luxe comme d'une action juste et bonne.*

Rien n'était donc plus frais, plus charmant à voir que l'intérieur de cette chambre à coucher.

Mademoiselle de Cardoville venait de s'éveiller ; elle reposait au milieu de ces flots de mousseline, de dentelle, de batiste et de soie blanche, dans une pose remplie de mollesse et de grâce ; jamais, pendant la nuit, elle ne couvrait ses admirables cheveux dorés (procédé certain pour les conserver long-temps dans toute leur magnificence, disaient les Grecs) ; le soir, ses femmes disposaient les longues boucles de sa chevelure soyeuse en plusieurs tresses plates dont elles formaient deux larges et épais bandeaux qui, descendant assez pour cacher presque entièrement sa petite oreille dont on ne voyait que le lobe rosé, allaient se rattacher à la grosse natte enroulée derrière la tête.

Cette coiffure, empruntée à l'antiquité grecque, seyait aussi à ravir aux traits si purs, si fins de mademoiselle de Cardoville, et semblait tellement la rajeunir, qu'au lieu de dix-huit ans on lui en eût donné quinze à peine; ainsi rassemblés et encadrant étroitement les tempes, ses cheveux, perdant leur teinte claire et brillante, eussent paru presque bruns sans les reflets d'or vif qui couraient çà et là sur l'ondulation des tresses.

Plongée dans cette torpeur matinale, dont la tiède langueur est si favorable aux molles rêveries, Adrienne était accoudée sur son oreiller, la tête un peu fléchie, ce qui faisait valoir encore l'idéal contour de son cou et de ses épaules nues; ses lèvres souriantes, humides et vermeilles, étaient comme ses joues aussi froides que si elle venait de les baigner dans une eau glacée; ses blanches paupières voilaient à demi ses grands yeux d'un noir brun et velouté, qui tantôt regardaient languissamment le vide... tantôt s'arrêtaient avec complaisance sur les fleurs roses et sur les feuilles vertes de la corbeille de camélias.

Qui peindrait l'ineffable sérénité du réveil d'Adrienne... réveil d'une âme si belle et si chaste, dans un corps si chaste et si beau! réveil d'un cœur aussi pur que le souffle frais et embaumé de jeunesse qui soulevait doucement ce sein virginal... virginal et blanc comme la neige immaculée...

Quelle croyance, quel dogme, quelle formule, quel symbole religieux, ô paternel, ô divin Créateur! donnera jamais une plus adorable idée de ton harmonieuse et ineffable puissance, qu'une jeune vierge qui, s'éveillant ainsi dans toute l'efflorescence de la beauté, dans toute la grâce de la pudeur dont tu l'as douée, cherche dans sa rêveuse innocence le secret de ce céleste instinct d'amour que tu as mis en elle, comme en toutes tes créatures, ô toi qui n'es qu'amour éternel, que bonté infinie!

Les pensées confuses qui, depuis son réveil, semblaient doucement agiter Adrienne, l'absorbaient de plus en plus; sa tête se pencha sur sa poitrine; son beau bras retomba sur sa couche; puis ses traits, sans s'attrister, prirent cependant une expression de mélancolie touchante.

Son plus vif désir était accompli : elle allait vivre indépendante et seule. Mais cette nature affectueuse, délicate, expansive et merveilleusement complète, sentait que Dieu ne l'avait pas comblée des plus rares trésors, pour les enfouir dans une froide et égoïste solitude; elle sentait tout ce que l'amour pourrait inspirer de grand, de beau, et à elle-même et à celui qui saurait être digne d'elle.

Confiante dans la vaillance, dans la noblesse de son caractère, fière de l'exemple qu'elle voulait donner aux autres femmes, sachant que tous les yeux seraient fixés sur elle avec envie, elle ne se sentait pour ainsi dire que trop sûre d'elle-même; loin de craindre de mal choisir, elle craignait de ne pas trouver parmi qui choisir, tant son goût s'était épuré; puis, eût-elle même rencontré son idéal, elle avait une manière de voir à la fois si étrange et pourtant si juste, si extraordinaire et pourtant si sensée, sur l'indépendance et sur la dignité que la femme devait, selon elle, conserver à l'égard de l'homme, qu'inexorablement décidée à ne faire aucune concession à ce sujet, elle se demandait si l'homme de son choix accepterait jamais les conditions jusqu'alors inouïes qu'elle lui imposerait.

En rappelant à son souvenir les *prétendants*

vossibles qu'elle avait jusqu'alors vus dans le monde, elle se souvenait du tableau malheureusement très-réel tracé par Rodin avec une verve caustique au sujet des épouseurs. Elle se souvenait aussi, non sans un certain orgueil, des encouragements que cet homme lui avait donnés, non pas en la flattant, mais en l'engageant à poursuivre l'accomplissement d'un dessein véritablement grand, généreux et beau.

Le courant ou le caprice des pensées d'Adrienne l'amena bientôt à songer à Djalma.

Tout en se félicitant de remplir envers ce parent de sang royal les devoirs d'une hospitalité royale, la jeune fille était loin de faire du prince le héros de son avenir.

D'abord elle se disait, non sans raison, que cet enfant à demi sauvage, aux passions, sinon indomptables, du moins encore indomptées, transporté tout à coup au milieu d'une civilisation raffinée, était inévitablement destiné à de violentes épreuves, à de fougueuses transformations. Or mademoiselle de Cardoville, n'ayant dans le caractère rien de viril, rien de dominateur, ne se souciait pas de civiliser ce jeune sauvage. Aussi, malgré l'intérêt ou plutôt à cause de l'intérêt qu'elle portait au jeune Indien, elle s'était fermement résolue à ne pas se faire connaître à lui avant deux ou trois mois; bien décidée en outre, si le hasard apprenait à Djalma qu'elle était sa parente, à ne pas le recevoir. Elle désirait donc, sinon l'éprouver, du moins le laisser assez libre de ses actes, de ses volontés, pour qu'il pût jeter le premier feu de ses passions bonnes ou mauvaises. Ne voulant pas, cependant, l'abandonner sans défense à tous les périls de la vie parisienne, elle avait confidemment prié le comte de Montbron d'introduire le prince Djalma dans la meilleure compagnie de Paris, et de l'éclairer des conseils de sa longue expérience.

M. de Montbron avait accueilli la demande de mademoiselle de Cardoville avec le plus grand plaisir, se faisant, disait-il, une joie de lancer son jeune tigre royal dans les salons et de le mettre aux prises avec la fleur des élégantes et les *beaux* de Paris, offrant de parier et de tenir tout ce qu'on voudrait pour son sauvage pupille.

« — Quant à moi, mon cher comte —
» avait-elle dit à M. de Montbron avec sa
» franchise habituelle — ma résolution est
» inébranlable; vous m'avez dit, vous-même,
» l'effet que va produire dans le monde l'ap-
» parition du prince Djalma, un Indien de
» dix-neuf ans, d'une beauté surprenante,
» fier et sauvage comme un jeune lion arri-
» vant de sa forêt; c'est nouveau, c'est extra-
» ordinaire, avez-vous ajouté; aussi les co-
» quetteries *civilisatrices* vont le poursuivre
» avec un dévouement dont je suis effrayée
» pour lui; or, sérieusement, mon cher comte,
» il ne peut pas me convenir de paraître vou-
» loir rivaliser de zèle avec tant de belles da-
» mes qui vont s'exposer intrépidement aux
» griffes de votre jeune tigre. Je m'intéresse
» fort à lui, parce qu'il est mon cousin, parce
» qu'il est beau, parce qu'il est brave, mais
» surtout parce qu'il n'est pas vêtu à cette
» horrible mode européenne. Sans doute ce
» sont là de rares qualités, mais elles ne suf-
» fisent pas jusqu'à présent à me faire chan-
» ger d'avis. D'ailleurs le bon vieux philoso-
» phe, mon nouvel ami, m'a donné à propos

» de notre Indien un conseil que vous avez
» approuvé, vous qui n'êtes pas philosophe,
» mon cher comte : c'est, pendant quelque
» temps, de recevoir chez moi, mais de n'aller
» chez personne ; ce qui d'abord m'épargnera
» sûrement l'inconvénient de rencontrer
» mon royal cousin, et ensuite me permettra
» de faire un choix rigoureux même parmi
» ma société habituelle; comme ma maison
» sera excellente, ma position fort originale,
» et que l'on soupçonnera toute sorte de mé-
» chants secrets à pénétrer chez moi, les cu-
» rieuses et les curieux ne me manqueront
» pas, ce qui m'amusera beaucoup, je vous
» l'assure. »

Et Comme M. de Montbron lui demandait si l'*exil* du pauvre jeune tigre indien durerait long-temps, Adrienne lui avait répondu :

« — Recevant à peu près toutes les per-
» sonnes de la société où vous l'aurez conduit,
» je trouverai très-piquant d'avoir ainsi sur
» lui des jugements divers. Si certains hom-
» mes en disent beaucoup de bien, certaines
» femmes beaucoup de mal,... j'aurai bon
» espoir... En un mot, l'opinion que je me

» formerai en démêlant ainsi le vrai du faux,
» fiez-vous à ma sagacité pour cela, abrégera
» ou prolongera, ainsi que vous le dites, l'*exil*
» de mon royal cousin. »

Telles étaient encore les intentions formelles de mademoiselle de Cardoville à l'égard de Djalma, le jour même où elle devait se rendre avec Florine à la maison qu'il occupait; en un mot, elle était absolument décidée à ne pas se faire connaître à lui avant quelques mois.

. . . .

Adrienne, après avoir ce matin-là ainsi long-temps songé aux chances que l'avenir pouvait offrir aux besoins de son cœur, tomba dans une nouvelle et profonde rêverie.

Cette ravissante créature, pleine de vie, de sève et de jeunesse, poussa un léger soupir, étendit ses deux bras charmants au-dessus de sa tête, tournée de profil sur son oreiller, et resta quelques moments comme accablée... comme anéantie... Ainsi immobile sous les blancs tissus qui l'enveloppaient, on eût dit une admirable statue de marbre se dessinant à demi sous une légère couche de neige.

Tout à coup Adrienne se dressa brusquement sur son séant, passa la main sur son front et sonna ses femmes.

Au premier bruit argentin de la sonnette, les deux portes d'ivoire s'ouvrirent.

Georgette parut sur le seuil de la chambre de toilette, dont Lutine, la petite chienne noir et feu à collier d'or, s'échappa avec des jappements de joie.

Hébé parut sur le seuil de la chambre de bain.

Au fond de cette pièce, éclairée par le haut, on voyait sur un tapis de cuir vert de Cordoue à rosaces d'or, une vaste baignoire de cristal, en forme de conque allongée. Les trois seules soudures de ce hardi chef-d'œuvre de verrerie disparaissaient sous l'élégante courbure de plusieurs grands roseaux d'argent qui s'élançaient du large socle de la baignoire aussi d'argent ciselé, et représentant des enfants et des dauphins se jouant au milieu de branches de corail naturel et de coquilles azurées. Rien n'était d'un plus riant effet que l'incrustation de ces rameaux pourpres et de ces coquilles d'outremer sur le fond mat des ciselures d'argent; la vapeur balsamique qui s'élevait de l'eau tiède, limpide et parfumée, dont était remplie la conque de cristal, s'épandait dans la salle de bain, et entra comme un léger brouillard dans la chambre à coucher.

Voyant Hébé dans son frais et joli costume, lui apporter sur un de ses bras nus et potelés un long peignoir, Adrienne lui dit :

— Où est donc Florine, mon enfant?

— Mademoiselle, il y a deux heures qu'elle est descendue; on l'a fait demander pour quelque chose de très-pressé.

— Et qui l'a fait demander?

— La jeune personne qui sert de secrétaire à mademoiselle... Elle était sortie ce matin de très-bonne heure; aussitôt son retour elle a fait demander Florine, qui, depuis, n'est pas revenue.

— Cette absence est sans doute relative à quelque affaire importante de mon angélique *ministre* des secours et aumônes — dit Adrienne en souriant et en songeant à la Mayeux.

Puis elle fit signe à Hébé de s'approcher de son lit.

. . . .

Environ deux heures après son lever, Adrienne s'étant fait, comme de coutume, habiller avec une rare élégance, renvoya ses femmes et demanda la Mayeux, qu'elle traitait avec une déférence marquée, la recevant toujours seule.

La jeune ouvrière entra précipitamment, le visage pâle, ému, et lui dit d'une voix tremblante :

— Ah! mademoiselle... mes pressentiments étaient fondés; on vous trahit...

— De quels pressentiments parlez-vous, ma chère enfant? — dit Adrienne surprise — et qui me trahit?

— M. Rodin... — répondit la Mayeux.

CHAPITRE VII.

LES DOUTES.

En entendant l'accusation portée par la Mayeux contre Rodin, mademoiselle de Cardoville regarda la jeune fille avec un nouvel étonnement.

Avant de poursuivre cette scène, disons que la Mayeux avait quitté ses pauvres vieux vêtements, et était habillée de noir avec autant de simplicité que de goût. Cette triste couleur semblait dire son renoncement à toute vanité humaine, le deuil éternel de son cœur et les austères devoirs que lui imposait son dévouement à toutes les infortunes. Avec cette robe noire, la Mayeux portait un large col rabattu, blanc et net comme son petit bonnet de gaze à rubans gris qui, laissant voir ses deux bandeaux de beaux cheveux bruns, encadrait son mélancolique visage aux doux yeux bleus; ses mains longues et fluettes, préservées du froid par des gants, n'étaient plus, comme naguère, violettes et marbrées, mais d'une blancheur presque diaphane.

Les traits altérés de la Mayeux exprimaient une vive inquiétude. Mademoiselle de Cardoville, au comble de la surprise, s'écria:

— Que dites-vous?...

— M. Rodin vous trahit, mademoiselle.

— Lui!.. C'est impossible...

— Ah! mademoiselle... mes pressentiments ne m'avaient pas trompée.

— Vos pressentiments?

— La première fois que je me suis trouvée en présence de M. Rodin, malgré moi j'ai été saisie de frayeur; mon cœur s'est douloureusement serré... et j'ai craint... pour vous... mademoiselle.

— Pour moi! — dit Adrienne — et pourquoi n'avez-vous pas craint pour vous, ma pauvre amie?

—Je ne sais, mademoiselle, mais tel a été mon premier mouvement, et cette frayeur était si invincible que, malgré la bienveillance que M. Rodin me témoignait pour ma sœur, il m'épouvantait toujours.

— Cela est étrange. Mieux que personne je comprends l'influence presque irrésistible des sympathies ou des aversions;.. mais, dans cette circonstance... Enfin — reprit Adrienne après un moment de réflexion... — il n'importe; comment aujourd'hui vos soupçons se sont-ils changés en certitude?

— Hier, j'étais allée porter à ma sœur Céphyse le secours que M. Rodin m'avait donné pour elle au nom d'une personne charitable... Je ne trouvai pas Céphyse chez l'amie qui l'avait recueillie... Je priai la portière de la maison de prévenir ma sœur que je reviendrais ce matin... C'est ce que j'ai fait. Mais, pardonnez-moi, mademoiselle, quelques détails nécessaires.

— Parlez, parlez, mon amie.

— La jeune fille qui a recueilli ma sœur chez elle — dit la pauvre Mayeux très-embarrassée, en baissant les yeux et en rougissant

— ne mène pas une conduite... très-régulière. Une personne avec qui elle a fait plusieurs parties de plaisir, nommé M. Dumoulin, lui avait appris le véritable nom de M. Rodin, qui, occupant dans cette maison un pied à terre, s'y faisait appeler M. Charlemagne.

— C'est ce qu'il nous a dit chez M. Baleinier; puis, avant-hier, revenant sur cette circonstance, il m'a expliqué la nécessité où il se trouvait pour certaines raisons d'avoir ce modeste logement dans ce quartier écarté... et je n'ai pu que l'approuver.

— Eh bien! hier M. Rodin a reçu chez lui M. l'abbé d'Aigrigny.

— L'abbé d'Aigrigny! s'écria mademoiselle de Cardoville.

— Oui, mademoiselle; il est resté deux heures enfermé avec M. Rodin.

— Mon enfant, on vous aura trompée.

— Voici ce que j'ai su, mademoiselle : l'abbé d'Aigrigny était venu le matin pour voir M. Rodin; ne le trouvant pas, il avait laissé chez la portière son nom écrit sur du papier, avec ces mots : — *Je reviendrai dans deux heures.* — La jeune fille dont je vous ai parlé, mademoiselle, a vu ce papier. Comme tout ce qui regarde M. Rodin semble assez mystérieux, elle a eu la curiosité d'attendre M. l'abbé d'Aigrigny chez la portière pour le voir entrer, et, en effet, deux heures après, il est revenu et a trouvé M. Rodin chez lui.

— Non... non... — dit Adrienne en tressaillant — c'est impossible, il y a erreur...

— Je ne le pense pas, mademoiselle ; car, sachant combien cette révélation était grave, j'ai prié la jeune fille de me faire à peu près le portrait de l'abbé d'Aigrigny.

— Eh bien ?

— L'abbé d'Aigrigny a — m'a-t-elle dit — quarante ans environ ; il est d'une taille haute et élancée, vêtu simplement, mais avec soin ; ses yeux sont gris, très-grands et très-perçants, ses sourcils épais, ses cheveux châtains, sa figure complétement rasée et sa tournure très-décidée.

— C'est vrai... — dit Adrienne ne pouvant croire à ce qu'elle entendait. — Ce signalement est exact.

— Tenant à avoir le plus de détails possible — reprit la Mayeux — j'ai demandé à la portière si M. Rodin et l'abbé d'Aigrigny semblaient courroucés l'un contre l'autre lorsqu'elle les a vus sortir de la maison; elle m'a dit que non; que l'abbé avait seulement dit à M. Rodin, en le quittant à la porte de la maison : Demain... je vous écrirai... c'est convenu...

— Est-ce donc un rêve, mon Dieu ! — dit Adrienne en passant ses deux mains sur son front avec une sorte de stupeur; — je ne puis douter de vos paroles, ma pauvre amie, et pourtant c'est M. Rodin qui vous a envoyée lui-même dans cette maison, pour y porter des secours à votre sœur; il se serait donc ainsi exposé à voir pénétrer par vous ses rendez-vous secrets avec l'abbé d'Aigrigny! Pour un traître... ce serait bien maladroit.

— Il est vrai, j'ai fait aussi cette réflexion. Et cependant la rencontre de ces deux hommes m'a paru si menaçante pour vous, mademoiselle, que je suis revenue dans une grande épouvante.

Les caractères d'une extrême loyauté se résignent difficilement à croire aux trahisons, plus elles sont infâmes, plus ils en doutent;

le caractère d'Adrienne était de ce nombre, et, de plus, une des qualités de son esprit était la rectitude : aussi, bien que très-impressionnée par le récit de la Mayeux, elle reprit :

— Voyons, mon amie, ne nous effrayons pas à tort, ne nous hâtons pas trop de croire au mal... Cherchons toutes deux à nous éclairer par le raisonnement : rappelons les faits. M. Rodin m'a ouvert les portes de la maison de M. Baleinier; il a devant moi porté plainte contre l'abbé d'Aigrigny; il a, par ses menaces, obligé la supérieure du couvent à lui rendre les filles du maréchal Simon; il est parvenu à découvrir la retraite du prince Djalma; il a exécuté fidèlement mes intentions au sujet de mon jeune parent; hier encore il m'a donné les plus utiles conseils... Tout ceci est bien réel, n'est-ce pas?

— Sans doute, mademoiselle.

— Maintenant que M. Rodin, en mettant les choses au pis, ait une arrière-pensée, qu'il espère être généreusement rémunéré par nous, soit; mais, jusqu'à présent, son désintéressement a été complet...

— C'est encore vrai, mademoiselle — dit la pauvre Mayeux, obligée, comme Adrienne, de se rendre à l'évidence des faits accomplis.

— A cette heure, examinons la possibilité d'une trahison. Se réunir à l'abbé d'Aigrigny pour me trahir? Mais me trahir : où? comment? sur quoi? Qu'ai-je à craindre? N'est-ce pas, au contraire, l'abbé d'Aigrigny et madame de Saint-Dizier qui vont avoir à rendre un compte fâcheux à la justice du mal qu'ils m'ont fait?

— Mais alors, mademoiselle, comment expliquer la rencontre de deux hommes qui ont tant de motifs d'aversion et d'éloignement... D'ailleurs, cela ne cache-t-il pas quelque projet sinistre? Et puis, mademoiselle, je ne suis pas la seule à penser ainsi...

— Comment cela!

— Ce matin, en rentrant, j'étais si émue, que mademoiselle Florine m'a demandé la cause de mon trouble; je sais, mademoiselle, combien elle vous est attachée.

— Il est impossible de m'être plus dévouée; récemment encore, vous m'avez vous-même appris le service signalé qu'elle m'a rendu pendant ma séquestration chez M. Baleinier.

— Eh bien! mademoiselle, ce matin, à mon retour, croyant nécessaire de vous faire avertir le plus tôt possible, j'ai tout dit à mademoiselle Florine. Comme moi, plus que moi peut-être, elle a été effrayée du rapprochement de Rodin et de M. d'Aigrigny. Après un moment de réflexion, elle m'a dit : Il est, je crois, inutile d'éveiller mademoiselle; qu'elle soit instruite de cette trahison deux ou trois heures plus tôt ou plus tard, peu importe; pendant ces trois heures, je pourrai peut-être découvrir quelque chose. J'ai une idée que je crois bonne; excusez-moi auprès de mademoiselle; je reviens bientôt... Puis, mademoiselle Florine a fait demander une voiture, et elle est sortie.

— Florine est une excellente fille — dit mademoiselle de Cardoville en souriant, car la réflexion la rassurait complétement; — mais, dans cette circonstance, je crois que son zèle et son bon cœur l'ont égarée, comme vous, ma pauvre amie; savez-vous que nous sommes deux étourdies, vous et moi, de ne pas avoir jusqu'ici songé à une chose qui nous aurait à l'instant rassurées?

— Comment donc, mademoiselle?

— L'abbé d'Aigrigny redoute maintenant beaucoup M. Rodin; il sera venu le chercher jusque dans ce réduit pour lui demander merci. Ne trouvez-vous pas comme moi cette explication non-seulement satisfaisante, mais la seule raisonnable?

— Peut-être, mademoiselle — dit la Mayeux après un moment de réflexion. — Oui, cela est probable... — Puis, après un nouveau silence, et comme si elle eût cédé à une conviction supérieure à tous les raisonnements possibles, elle s'écria : — Et pourtant, non, non, croyez-moi, mademoiselle, on vous trompe, je le *sens*... toutes les apparences sont contre ce que j'affirme;... mais, croyez-moi, ces pressentiments sont trop vifs pour n'être pas vrais... Et puis enfin, est-ce que vous ne devinez pas trop bien les plus secrets instincts de mon cœur, pour que, moi, je ne devine pas à mon tour les dangers qui vous menacent?....

— Que dites-vous! qu'ai-je donc deviné?

— reprit mademoiselle de Cardoville involontairement émue et frappée de l'accent convaincu et alarmé de la Mayeux, qui reprit :

— Ce que vous avez deviné ? Hélas ! toutes les ombrageuses susceptibilités d'une malheureuse créature à qui le sort a fait une vie à part ; et il faut bien que vous sachiez que, si je me suis tue jusqu'ici, ce n'est pas par ignorance de ce que je vous dois ; car enfin qui vous a dit, mademoiselle, que le seul moyen de me faire accepter vos bienfaits sans rougir serait d'y attacher des fonctions qui me rendraient utile et secourable aux infortunes que j'ai si long-temps partagées ? Qui vous a dit, lorsque vous avez voulu me faire désormais asseoir à votre table, comme *votre amie*, moi, pauvre ouvrière, en qui vous vouliez glorifier le travail, la résignation et la probité, qui vous a dit, lorsque je vous répondais par des larmes de reconnaissance et de regrets, que ce n'était pas une fausse modestie, mais conscience de ma difformité ridicule qui me faisait vous refuser ? Qui vous a dit que sans cela j'aurais accepté avec fierté au nom de mes sœurs du peuple ?

Car vous m'avez répondu ces touchantes paroles :

Je comprends votre refus, mon amie; ce n'est pas une fausse modestie qui le dicte, mais un sentiment de dignité que j'aime et que je respecte. — Qui donc vous a dit encore — reprit la Mayeux avec une animation croissante — que je serais bien heureuse de trouver une petite retraite solitaire dans cette magnifique maison, dont la splendeur m'éblouit? Qui vous a dit cela, pour que vous ayez daigné choisir, comme vous l'avez fait, le logement beaucoup trop beau que vous m'avez destiné? Qui vous a dit encore que, sans envier l'élégance des charmantes créatures qui vous entourent et que j'aime déjà parce qu'elles vous aiment, je me sentirais toujours, par une comparaison involontaire, embarrassée, honteuse devant elles? Qui vous a dit cela, pour que vous ayez toujours songé à les éloigner quand vous m'appeliez ici, mademoiselle?... Oui, qui vous a enfin révélé toutes les pénibles et secrètes susceptibilités d'une position exceptionnelle comme la mienne? Qui vous les a révélées? Dieu, sans doute, lui qui dans sa grandeur infinie pourvoit à la création des mondes, et qui sait aussi paternellement s'occuper du pauvre petit insecte caché dans l'herbe... Et vous ne voulez pas que la reconnaissance d'un cœur que vous devinez si bien s'élève à son tour jusqu'à la divination de ce qui peut vous nuire? Non, non, mademoiselle, les uns ont l'instinct de leur propre conservation, d'autres, plus heureux, ont l'instinct de la conservation de ceux qu'ils chérissent... Cet instinct, Dieu me l'a donné... On vous trahit, vous dis-je... on vous trahit!

Et la Mayeux, le regard animé, les joues légèrement colorées par l'émotion, accentua si énergiquement ces derniers mots, les accompagna d'un geste si affirmatif, que mademoiselle de Cardoville, déjà ébranlée par les chaleureuses paroles de la jeune fille, en vint à partager ses appréhensions. Puis, quoiqu'elle eût déjà été à même d'apprécier l'intelligence supérieure, l'esprit remarquable de cette pauvre enfant du peuple, jamais mademoiselle de Cardoville n'avait entendu la Mayeux s'exprimer avec autant d'éloquence, touchante éloquence d'ailleurs, qui prenait sa source dans le plus noble des sentiments. Cette circonstance ajouta encore à l'impression que ressentait Adrienne. Au moment où elle allait répondre à la Mayeux, on frappa à la porte du salon où se passait cette scène, et Florine entra.

En voyant la physionomie alarmée de sa camériste, mademoiselle de Cardoville lui dit vivement :

— Eh bien, Florine!... qu'y a-t-il de nouveau ? d'où viens-tu, mon enfant?

— De l'hôtel Saint-Dizier, mademoiselle.

— Et pourquoi y aller? — demanda mademoiselle de Cardoville avec surprise.

— Ce matin, mademoiselle (et Florine désigna la Mayeux) m'a confié ses soupçons, ses inquiétudes;... je les ai partagés. La visite de M. l'abbé d'Aigrigny chez M. Rodin me paraissait déjà fort grave; j'ai pensé que, si M. Rodin s'était rendu depuis quelques jours à l'hôtel Saint-Dizier, il n'y aurait plus de doutes à avoir sur sa trahison...

— En effet! — dit Adrienne de plus en plus inquiète — eh bien?

— Mademoiselle m'ayant chargé de surveiller le déménagement du pavillon, il y restait différents objets; pour me faire ouvrir l'appartement, il fallait m'adresser à madame Grivois; j'avais donc prétexte de retourner à l'hôtel.

— Ensuite,... Florine... ensuite?

— Je tâchai de faire parler madame Grivois sur M. Rodin; mais ce fut en vain.

— Elle se défiait de vous, mademoiselle — dit la Mayeux. — On devait s'y attendre.

— Je lui demandai — continua Florine — si l'on avait vu M. Rodin à l'hôtel depuis quelque temps... Elle répondit évasivement. Alors, désespérant de rien savoir — reprit Florine — je quittai madame Grivois, et, pour que ma visite n'inspirât aucun soupçon, je me rendais au pavillon, lorsqu'en détournant une allée, que vois-je? à quelques pas de moi, se dirigeant vers la petite porte du jardin... M. Rodin, qui croyait sans doute sortir plus secrètement ainsi.

— Mademoiselle!... vous l'entendez — s'écria la Mayeux en joignant les mains d'un air suppliant — rendez-vous à l'évidence...

— Lui!... chez la princesse de Saint-Dizier — s'écria mademoiselle de Cardoville, dont le regard, ordinairement si doux, brilla tout à coup d'une indignation véhémente; puis elle ajouta d'une voix légèrement altérée : — Continue, Florine.

— A la vue de M. Rodin, je m'arrêtai — reprit Florine — et, me reculant aussitôt, je gagnai le pavillon sans être vue, j'entrai vite dans le petit vestibule de la rue. Ses fenêtres donnent auprès de la porte du jardin; je les ouvre, laissant les persiennes fermées, je vois un fiacre; il attendait M. Rodin, car, quelques minutes après, il y monte en disant au cocher: Rue Blanche, n° 39.

— Chez le prince!... — s'écria mademoiselle de Cardoville.

— Oui, mademoiselle.

— En effet, M. Rodin devait le voir aujourd'hui — dit Adrienne en réfléchissant.

— Nul doute que s'il vous trahit, mademoiselle, il trahit aussi le prince, qui, bien plus facilement que vous, deviendra sa victime.

— Infamie!... infamie!... infamie! — s'écria tout à coup mademoiselle de Cardoville en se levant, les traits contractés par une douloureuse colère... — Une trahison pareille!... Ah!... ce serait à douter de tout,... ce serait à douter de soi-même.

— Oh! mademoiselle — c'est effrayant! n'est-ce pas? — dit la Mayeux en frissonnant.

— Mais alors, pourquoi m'avoir sauvée, moi et les miens, avoir dénoncé l'abbé d'Aigrigny? — reprit mademoiselle de Cardoville.

— En vérité, la raison s'y perd... C'est un abîme... Oh! c'est quelque chose d'affreux, que le doute!

— En revenant — dit Florine en jetant un regard attendri et dévoué sur sa maîtresse — j'avais songé à un moyen qui permettrait à mademoiselle de s'assurer de ce qui en est... mais il n'y aurait pas une minute à perdre...

— Que veux-tu dire? — reprit Adrienne en regardant Florine avec surprise.

— M. Rodin va être bientôt seul avec le prince — dit Florine.

— Sans doute — dit Adrienne.

— Le prince se tient toujours dans le pe-

10.

tit salon qui s'ouvre sur la serre chaude... C'est là qu'il recevra M. Rodin.

— Ensuite? — reprit Adrienne.

— Cette serre chaude, que j'ai fait arranger daprès les ordres de mademoiselle, a son unique sortie par une petite porte donnant dans une ruelle; c'est par là que le jardinier entre chaque matin, afin de ne pas traverser les appartements... Une fois son service terminé, il ne revient pas de la journée..

— Que veux-tu dire? Quel est ton projet? dit Adrienne en regardant Florine de plus en plus surprise.

— Les massifs de plantes sont disposés de telle façon, qu'il me semble que lors même que le store qui peut cacher la glace séparant le salon de la serre chaude ne serait pas abaissé, on pourrait, je crois, sans être vu, s'approcher assez pour entendre ce qui se dit dans cette pièce... C'est toujours par la porte de la serre que j'entrais ces jours derniers pour en surveiller l'arrangement... Le jardinier avait une clef... moi une autre... Heureusement je ne la lui ai pas encore rendue.....
Avant une heure, mademoiselle peut savoir à

LES DOUTES.

quoi s'en tenir sur M. Rodin ;... car, s'il trahit le prince... il la trahit aussi.

— Que dis-tu ? — s'écria mademoiselle de Cardoville.

— Mademoiselle part à l'instant avec moi ; nous arrivons à la porte de la ruelle... J'entre seule pour plus de précaution, et si l'occasion me paraît favorable... je reviens...

— De l'espionnage... — dit mademoiselle de Cardoville avec hauteur, en interrompant Florine — vous n'y songez pas...

— Pardon, mademoiselle — dit la jeune fille en baissant les yeux d'un air confus et désolé; — vous conserviez quelques soupçons ;... ce moyen me semblait le seul qui pût ou les confirmer ou les détruire.

— S'abaisser.. jusqu'à aller surprendre un entretien ! jamais — reprit Adrienne.

— Mademoiselle — dit tout à coup la Mayeux pensive depuis quelque temps — permettez-moi de vous le dire, mademoiselle Florine a raison... Ce moyen est pénible... mais lui seul pourra vous fixer peut-être à tout jamais sur M. Rodin... Et puis enfin, malgré l'évidence des faits, malgré la presque certitude de mes pressentiments, les apparences les plus accablantes peuvent être trompeuses. C'est moi qui, la première, ai accusé M. Rodin auprès de vous... Je ne me pardonnerais de ma vie de l'avoir accusé à tort... Sans doute... il est, ainsi que vous le dites, mademoiselle, pénible d'épier... de surprendre une conversation...

Puis, faisant un violent et douloureux effort sur elle-même, la Mayeux ajouta, en tâchant de retenir les larmes de honte qui voilaient ses yeux :

— Cependant, comme il s'agit de vous sauver, peut-être, mademoiselle, car, si c'est une trahison... l'avenir est effrayant... j'irai... si vous voulez... à votre place... pour...

— Pas un mot de plus, je vous en prie — s'écria mademoiselle de Cardoville en interrompant la Mayeux. — Moi, je vous laisserais faire, à vous, ma pauvre amie, et dans mon seul intérêt... ce qui me semble dégradant... Jamais !...

Puis, s'adressant à Florine :

— Va prier M. de Bonneville de faire atteler ma voiture à l'instant.

— Vous consentez! — s'écria Florine en joignant les mains, sans chercher à contenir sa joie; et ses yeux devinrent aussi humides de larmes.

— Oui, je consens — répondit Adrienne d'une voix émue — si c'est une guerre... une guerre acharnée que l'on veut me faire, il faut s'y préparer... et il y aurait après tout faiblesse et duperie à ne pas se mettre sur ses gardes. Sans doute, cette démarche me répugne, me coûte ; mais c'est le seul moyen d'en finir avec des soupçons qui seraient pour moi un tourment continuel... et de prévenir peut-être de grands maux. Puis, pour des raisons fort importantes, cet entretien de M. Rodin et du prince Djalma... peut être pour moi doublement décisif, quant à la confiance ou à l'inexorable haine que j'aurai pour M. Rodin... Ainsi, vite, Florine, un manteau, un chapeau et ma voiture... tu m'accompagneras... Vous, mon amie, attendez-moi ici, je vous prie — ajouta-t-elle en s'adressant à la Mayeux.

. . . .

Une demi-heure après cet entretien, la

voiture d'Adrienne s'arrêtait, ainsi qu'on l'a vu, à la petite porte du jardin de la rue Blanche.

Florine entra dans la serre, et revint bientôt dire à sa maîtresse :

— Le store est baissé, mademoiselle ; M. Rodin vient d'entrer dans le salon où est le prince...

Mademoiselle de Cardoville assista donc, invisible, à la scène suivante, qui se passa entre Rodin et Djalma.

CHAPITRE VIII.

LA LETTRE.

Quelques instants avant l'entrée de mademoiselle de Cardoville dans la serre chaude, Rodin avait été introduit, par Faringhea, auprès du prince, qui, encore sous l'empire de l'exaltation passionnée où l'avaient plongé les paroles du métis, ne paraissait pas s'apercevoir de l'arrivée du jésuite.

Celui-ci, surpris de l'animation des traits de Djalma, de son air presque égaré, fit un signe interrogatif à Faringhea, qui répondit aussi à la dérobée et de la manière symbolique que voici : après avoir posé son index sur son cœur et sur son front, il montra du doigt l'ardent brasier qui brûlait dans la cheminée; cette pantomime signifiait que la tête et le cœur de Djalma étaient en feu.

Rodin comprit sans doute, car un imperceptible sourire de satisfaction effleura ses lèvres blafardes; puis il dit tout haut à Faringhea :

— Je désire être seul avec le prince;.. baissez le store, et veillez à ce que nous ne soyons pas interrompus...

Le métis s'inclina, alla toucher un ressort placé auprès de la glace sans tain, et elle rentra dans l'épaisseur de la muraille à mesure que le store s'abaissa; s'inclinant de nouveau, le métis quitta le salon. Ce fut donc peu de temps après sa sortie que mademoiselle de Cardoville et Florine arrivèrent dans la serre chaude, qui n'était plus séparée de la pièce où se trouvait Djalma, que par l'épaisseur transparente du store de soie blanche brodée de grands oiseaux de couleur.

Le bruit de la porte que Faringhea ferma en sortant sembla rappeler le jeune Indien à lui-même; ses traits, encore légèrement animés, avaient cependant repris leur expression habituelle de calme et de douceur; il tressaillit, passa la main sur son front, regarda autour de lui, comme s'il sortait d'une rêverie profonde; puis, s'avançant vers Rodin d'un air à la fois respectueux et confus, il lui dit en employant une appellation habituelle à ceux de son pays envers les vieillards :

— Pardon, mon père...

Et toujours selon la coutume pleine de déférence des jeunes gens envers les vieillards, il voulut prendre la main de Rodin pour la porter à ses lèvres, hommage auquel le jésuite se refusa en se reculant d'un pas.

— Et de quoi me demandez-vous pardon, mon cher prince? — dit-il à Djalma.

— Quand vous êtes entré je rêvais; je ne suis pas tout de suite venu à vous... Encore pardon, mon père.

— Et je vous pardonne de nouveau, mon cher prince; mais causons, si vous le voulez bien; reprenez votre place sur ce canapé... et même votre pipe, si le cœur vous en dit.

Mais Djalma, au lieu de se rendre à l'invitation de Rodin et de s'étendre sur le divan selon son habitude, s'assit sur un fauteuil, malgré les instances du *vieillard au cœur bon*, ainsi qu'il appelait le jésuite.

— En vérité, vos formalités me désolent, mon cher prince — lui dit Rodin — vous êtes ici chez vous, au fond de l'Inde, ou du moins nous désirons que vous croyiez y être.

— Bien des choses me rappellent ici mon pays — dit Djalma d'une voix douce et grave. — Vos bontés me rappellent mon père, et celui qui l'a remplacé auprès de moi — ajouta l'Indien en songeant au maréchal Simon, dont on lui avait, jusqu'alors et pour cause, laissé ignorer l'arrivée.

Après un moment de silence, il reprit d'un ton rempli d'abandon, en tendant sa main à Rodin :

— Vous voilà, je suis heureux.

— Je comprends votre joie, mon cher prince, car je viens vous déprisonner... ouvrir votre cage... Je vous avais prié de vous soumettre à cette petite réclusion volontaire, absolument dans votre intérêt.

— Demain je pourrai sortir ?

— Aujourd'hui même, mon cher prince.

Le jeune Indien réfléchit un instant, et reprit :

— J'ai des amis, puisque je suis ici dans ce palais qui ne m'appartient pas?

— En effet... vous avez des amis... d'excellents amis... — répondit Rodin.

A ces mots la figure de Djalma sembla s'embellir encore. Les plus nobles sentiments se peignirent tout à coup sur cette mobile et charmante physionomie; ses grands yeux noirs devinrent légèrement humides; après un nouveau silence, il se leva, disant à Rodin d'une voix émue :

— Venez...

Où cela, cher prince?... dit l'autre fort surpris.

— Remercier mes amis... j'ai attendu trois jours;... c'est long.

— Permettez, cher prince... permettez... j'ai à ce sujet bien des choses à vous apprendre, veuillez vous rasseoir.

Djalma se rassit docilement sur son fauteuil.

Rodin reprit :

— Il est vrai... vous avez des amis... ou

plutôt vous avez *un* ami; *les* amis sont rares.

— Mais vous?

— C'est juste... Vous avez donc deux amis, mon cher prince : moi... que vous connaissez... et un autre que vous ne connaissez pas... et qui désire vous rester inconnu...

— Pourquoi?

— Pourquoi? — répondit Rodin un peu embarrassé — parce que le bonheur qu'il éprouve à vous donner des preuves de son amitié, parce que sa tranquillité à lui... sont au prix de ce mystère.

— Pourquoi se cacher quand on fait le bien?

— Quelquefois pour cacher le bien qu'on fait, mon cher prince.

— Je profite de cette amitié; pourquoi se cacher de moi?

Les *pourquoi* réitérés du jeune Indien semblaient assez désorienter Rodin, qui reprit cependant :

— Je vous l'ai dit, cher prince, votre ami secret verrait peut-être sa tranquillité compromise, s'il était connu...

— S'il était connu... pour mon ami?

— Justement, cher prince.

Les traits de Djalma prirent aussitôt une expression de dignité triste; il releva fièrement la tête, et dit d'une voix hautaine et sévère :

— Puisque cet ami se cache, c'est qu'il rougit de moi ou que je dois rougir de lui... je n'accepte d'hospitalité que des gens dont je suis digne ou qui sont dignes de moi;... je quitte cette maison.

Et ce disant, Djalma se leva si résolument, que Rodin s'écria :

— Mais écoutez-moi donc, mon cher prince... vous êtes, permettez-moi de vous le dire, d'une pétulance, d'une susceptibilité incroyables... Quoique nous ayons tâché de vous rappeler votre beau pays, nous sommes ici en pleine Europe, en pleine France, en plein Paris; cette considération doit un peu modifier votre manière de voir; je vous en conjure, écoutez-moi.

Djalma, malgré la complète ignorance de certaines conventions sociales, avait trop de bon sens, trop de droiture, pour ne pas se rendre à la raison, quand elle lui semblait...

raisonnable; les paroles de Rodin le calmèrent. Avec cette modestie ingénue dont les natures pleines de force et de générosité sont presque toujours douées, il répondit doucement :

— Mon père, vous avez raison, je ne suis plus dans mon pays;... ici... les habitudes sont différentes; je vais réfléchir.

Malgré sa ruse et sa souplesse, Rodin se trouvait parfois dérouté par les allures sauvages et par l'imprévu des idées du jeune Indien. Aussi le vit-il, à sa grande surprise, rester pensif pendant quelques minutes; après quoi Djalma reprit d'un ton calme mais fermement convaincu :

— Je vous ai obéi; j'ai réfléchi, mon père.

— Eh bien, mon cher prince?

— Dans aucun pays du monde, sous aucun prétexte, un homme d'honneur qui a de l'amitié pour un autre homme d'honneur, ne doit la cacher.

— Mais s'il y a pour lui danger d'avouer cette amitié?... — dit Rodin fort inquiet de la tournure que prenait l'entretien.

Djalma regarda le jésuite avec un étonnement dédaigneux, et ne répondit pas.

— Je comprends votre silence, mon cher prince; un homme courageux doit braver le danger, soit; mais si c'était vous que le danger menaçât, dans le cas où cette amitié serait découverte, cet homme d'honneur ne serait-il pas excusable, louable même de vouloir rester inconnu?

— Je n'accepte rien d'un ami qui me croit capable de le renier par lâcheté...

— Cher prince... écoutez-moi.

— Adieu, mon père.

— Réfléchissez...

— J'ai dit...

Reprit Djalma d'un ton bref et presque souverain en marchant vers la porte.

— Eh, mon Dieu! s'il s'agissait d'une femme? — s'écria Rodin poussé à bout et courant à lui, car il craignit réellement de voir Djalma quitter la maison, et renverser ainsi absolument ses projets.

Aux derniers mots de Rodin, l'Indien s'arrêta brusquement.

— Une femme? — dit-il en tressaillant et devenant vermeil — il s'agit d'une femme?

— Eh bien, oui ! s'il s'agissait d'une femme.. — reprit Rodin — comprendriez-vous sa réserve, le secret dont elle est obligée d'entourer les preuves d'affection qu'elle désire vous donner?

— Une femme? — répéta Djalma d'une voix tremblante en joignant les mains avec adoration.

Et son ravissant visage exprima un saisissement ineffable, profond.

— Une femme? dit-il encore — une Parisienne?...

— Oui, mon cher prince, puisque vous me forcez à cette indiscrétion, il faut bien vous l'avouer ; il s'agit d'une... véritable Parisienne., d'une digne matrone... remplie de vertus et dont le... grand âge mérite tous vos respects.

— Elle est bien vieille? — s'écria le pauvre Djalma, dont le rêve charmant disparaissait tout à coup.

— Elle serait mon aînée de quelques années,

Répondit Rodin avec un sourire ironique,

s'attendant à voir le jeune homme exprimer une sorte de dépit comique ou de regret courroucé.

Il n'en fut rien.

A l'enthousiasme amoureux, passionné, qui avait un instant éclaté sur les traits du prince, succéda une expression respectueuse et touchante; il regarda Rodin avec attendrissement et lui dit d'une voix émue :

— Cette femme est donc pour moi... une mère?

Il est impossible de rendre avec quel charme à la fois pieux, mélancolique et tendre, l'Indien accentua le mot *une mère.*

— Vous l'avez dit, mon cher prince, cette respectable dame veut être une mère pour vous... Mais je ne puis vous révéler la cause de l'affection qu'elle vous porte... Seulement, croyez-moi, cette affection est sincère; la cause en est honorable; si je ne vous en dis pas le secret, c'est que chez nous les secrets des femmes, jeunes ou vieilles, sont sacrés.

— Cela est juste, et son secret sera sacré pour moi; sans la voir, je l'aimerai avec respect. Ainsi, l'on aime Dieu sans le voir...

11.

— Maintenant, cher prince, laissez-moi vous dire quelles sont les intentions de votre maternelle amie... Cette maison restera toujours à votre disposition, si vous vous y plaisez : des domestiques français, une voiture et des chevaux seront à vos ordres; l'on se chargera des comptes de votre maison. Puis, comme un fils de roi doit vivre royalement, j'ai laissé dans la chambre voisine une cassette renfermant cinq cents louis; chaque mois une somme pareille vous sera comptée; si elle ne vous suffit pas pour ce que nous appelons vos menus plaisirs, vous me le direz, on l'augmentera...

A un mouvement de Djalma, Rodin se hâta d'ajouter :

— Je dois vous dire tout de suite, mon cher prince, que votre délicatesse doit être parfaitement en repos. D'abord... on accepte tout d'une mère... puis, comme dans trois mois environ vous serez mis en possession d'un énorme héritage, il vous sera facile, si cette obligation vous pèse (et c'est à peine si la somme au pis-aller s'élèvera à quatre ou cinq mille louis), il vous sera facile de rembourser ces avances ; ne ménagez donc rien, satisfaites à toutes vos fantaisies... on désire que vous paraissiez dans le plus grand monde de Paris, comme doit paraître le fils d'un roi, surnommé le *Père du Généreux*. Ainsi, encore une fois, je vous en conjure, ne soyez pas retenu par une fausse délicatesse,... si cette somme ne vous suffit pas...

— Je demanderai davantage ;... ma mère a raison... un fils de roi doit vivre en roi.

Telle fut la réponse que fit l'Indien, avec une simplicité parfaite, sans paraître étonné le moins du monde de ces offres fastueuses ; et cela devait être : Djalma eût fait ce qu'on faisait pour lui, car l'on sait quelles sont les traditions de prodigue magnificence et de splendide hospitalité des princes indiens. Djalma avait été aussi ému que reconnaissant en apprenant qu'une femme l'aimait d'affection maternelle... Quant au luxe dont elle voulait l'entourer, il l'acceptait sans étonnement et sans scrupules.

Cette *résignation* fut une autre déconvenue pour Rodin, qui avait préparé plusieurs excellents arguments pour engager l'Indien à accepter.

— Voici donc ce qui est bien convenu, mon cher prince — reprit le jésuite ; maintenant, comme il faut que vous voyiez le monde, et que vous y entriez par la meilleure porte, ainsi que nous disons... un des amis de votre maternelle protectrice, M. le comte de Montbron, vieillard rempli d'expérience, et appartenant à la plus haute société, vous présentera dans l'élite des maisons de Paris...

— Pourquoi ne m'y présentez-vous pas, vous, mon père ?

— Hélas ! mon cher prince, regardez-moi donc ;... dites-moi si ce serait là mon rôle... Non, non, je vis seul et retiré. Et puis — ajouta Rodin après un silence en attachant sur le jeune prince un regard pénétrant, attentif et curieux, comme s'il eût voulu le soumettre à une sorte d'expérimentation par les paroles suivantes — et puis, voyez-vous, M. de Montbron sera mieux à même que moi, dans le monde où il va... de vous éclairer sur les piéges que l'on pourrait vous tendre. Car si vous avez des amis... vous avez aussi des ennemis... vous le savez, de lâches ennemis, qui ont abusé d'une manière infâme de votre confiance, qui se sont raillés de vous. Et comme malheureusement leur puissance égale leur méchanceté, il serait peut-être plus prudent à vous de tâcher de les éviter... de les fuir... au lieu de leur résister en face.

Au souvenir de ses ennemis, à la pensée de les fuir, Djalma frissonna de tout son corps, ses traits devinrent tout à coup d'une pâleur livide; ses yeux, démesurément ouverts, et dont la prunelle se cercla ainsi de blanc, étincelèrent d'un feu sombre; jamais le mépris, la haine, la soif de la vengeance n'éclatèrent plus terribles sur une face humaine... Sa lèvre supérieure, d'un rouge de sang, laissant voir ses petites dents blanches et serrées, se retroussait mobile, convulsive, et donnait à sa physionomie, naguère si charmante, une expression de férocité tellement animale, que Rodin se leva de son fauteuil et s'écria :

—Qu'avez-vous... prince?... vous m'épouvantez.

Djalma ne répondit pas; à demi penché sur son siége, ses deux mains, crispées par la rage, appuyées l'une sur l'autre, il semblait se cramponner à l'un des bras du fauteuil de peur de céder à un accès de fureur épouvantable. A ce moment, le hasard voulut que le bout d'ambre du tuyau de houka eût roulé sous son pied; la tension violente qui contractait tous les nerfs de l'Indien était si puissante; il était, malgré sa jeunesse et sa svelte apparence, d'une telle vigueur, que d'un brusque mouvement il pulvérisa le bout d'ambre malgré son extrême dureté.

— Mais, au nom du ciel, qu'avez-vous, prince? — s'écria Rodin.

— Ainsi j'écraserai mes lâches ennemis — s'écria Djalma le regard menaçant et enflammé.

Puis, comme si ces paroles eussent mis le comble à sa rage, il bondit de son siége, et alors, les yeux hagards, il parcourut le salon pendant quelques secondes, allant et venant dans tous les sens, comme s'il eût cherché une arme autour de lui, poussant de temps à autre une sorte de cri rauque, qu'il tâchait d'étouffer en portant ses deux poings crispés à sa bouche... tandis que ses mâchoires tressaillaient convulsivement... C'était la rage impuissante de la bête féroce altérée de carnage.

Le jeune Indien était ainsi d'une beauté grande et sauvage; on sentait que ces divins instincts, d'une ardeur sanguinaire et d'une aveugle intrépidité, alors exaltés à ce point par l'horreur de la trahison et de la lâcheté, dès qu'ils s'appliquaient à la guerre ou à ces chasses gigantesques de l'Inde, plus meurtrières encore que la bataille, devaient faire de Djalma ce qu'il était : un héros.

Rodin admirait avec une joie sinistre et profonde la fougueuse impétuosité des passions de ce jeune Indien, qui, dans des circonstances données, devaient faire des explosions terribles. Tout à coup, à la grande surprise du jésuite, cette tempête se calma. La fureur de Djalma s'apaisa presque subitement, parce que la réflexion lui en démontra bientôt la vanité. Alors, honteux de cet emportement puéril, il baissa les yeux. Sa figure resta pâle et sombre; puis, avec une tranquillité froide, plus redoutable encore que la violence à laquelle il venait de se laisser entraîner, il dit à Rodin :

— Mon père, vous me conduirez aujourd'hui en face de mes ennemis.

— Et dans quel but, mon cher prince?... Que voulez-vous?

— Tuer ces lâches!

— Les tuer!!! Vous n'y pensez pas.

— Faringhea m'aidera.

— Encore une fois, songez donc que vous n'êtes pas ici sur les bords du Gange, où l'on tue son ennemi, comme on tue un tigre à la chasse.

— On se bat avec un ennemi loyal, on tue un traître comme un chien maudit — reprit Djalma avec autant de conviction que de tranquillité.

— Ah! prince... vous, dont le père a été appelé le père du Généreux — dit Rodin d'une voix grave — quelle joie trouverez-vous à frapper des êtres aussi lâches que méchants?

— Détruire ce qui est dangereux est un devoir.

— Ainsi... prince... la vengeance?

— Je ne me venge pas d'un serpent... — dit l'Indien avec une hauteur amère — je l'écrase.

— Mais, mon cher prince, ici on ne se débarrasse pas de ses ennemis de cette façon; si l'on a à se plaindre....

— Les femmes et les enfants se plaignent — dit Djalma en interrompant Rodin — les hommes frappent.

— Toujours aux bords du Gange, mon cher prince; mais pas ici... Ici la société prend en main votre cause, l'examine, la juge, et, s'il y a lieu, punit...

— Dans mon offense, je suis juge et bourreau.

— De grâce, écoutez-moi : vous avez échappé aux piéges odieux de vos ennemis, n'est-ce pas? Eh bien! supposez que ça ait été grâce au dévouement de la vénérable femme qui a pour vous la tendresse d'une mère; maintenant, si elle vous demandait leur grâce, elle qui vous a sauvé d'eux.., que feriez-vous?

L'Indien baissa la tête, resta quelques moments sans répondre.

Profitant de son hésitation, Rodin continua :

— Je pourrais vous dire : Prince, je connais vos ennemis ; mais, dans la crainte de vous voir commettre quelque terrible imprudence, je vous cacherai leurs noms à tout jamais. Eh bien ! non, je vous jure que, si la respectable personne qui vous aime comme un fils trouve juste et utile que je vous dise ces noms, je vous les dirai ; mais, jusqu'à ce qu'elle ait prononcé, je me tairai.

Djalma regarda Rodin d'un air sombre et courroucé.

A ce moment, Faringhea entra, et dit à Rodin :

— Un homme, porteur d'une lettre, est allé chez vous... On lui a dit que vous étiez ici... Il est venu... Faut-il recevoir cette lettre? Il dit que c'est de la part de M. l'abbé d'Aigrigny...

— Certainement — dit Rodin ; puis il ajouta : — Si le prince le permet !

Djalma fit un signe de tête. Faringhea sortit...

— Vous pardonnez, cher prince; j'attendais ce matin une lettre fort importante; comme elle tardait à venir, ne voulant pas manquer de vous voir, j'ai recommandé chez moi de m'envoyer cette lettre ici.

Quelques instants après, Faringhea revint avec une lettre qu'il remit à Rodin; après quoi, le métis sortit.

CHAPITRE IX.

ADRIENNE ET DJALMA.

Lorsque Faringhea eut quitté le salon, Rodin prit la lettre de l'abbé d'Aigrigny d'une main, et de l'autre parut chercher quelque chose, d'abord dans la poche de côté de sa redingote, puis dans sa poche de derrière, puis dans le gousset de son pantalon; puis enfin, ne trouvant rien, il posa la lettre sur le genou râpé de son pantalon noir, et se *tâta* partout, des deux mains, d'un air de regret et d'inquiétude.

Les divers mouvements de cette pantomime, jouée avec une bonhomie parfaite, furent couronnés par cette exclamation :

— Ah! mon Dieu!! c'est désolant!

— Qu'avez-vous? — lui demanda Djalma sortant du sombre silence où il était plongé depuis quelques instants.

— Hélas! mon cher prince — reprit Rodin — il m'arrive la chose du monde la plus vulgaire, la plus puérile, ce qui ne l'empêche pas d'être pour moi infiniment fâcheuse... j'ai oublié ou perdu mes lunettes; or, par ce demi-jour et surtout à cause de la détestable vue que le travail et les années m'ont faite, il m'est absolument impossible de lire cette lettre fort importante, car on attend de moi une réponse très-prompte, très-simple et très-catégorique, un oui ou un non... L'heure presse; c'est désespérant... Si encore — ajouta Rodin, en appuyant sur ces mots sans regarder Djalma, mais afin que ce dernier les remarquât — si encore quelqu'un pouvait me rendre le service de lire pour moi... mais non... personne... personne...

— Mon père — lui dit obligeamment Djalma — voulez-vous que je lise pour vous? La lecture finie, j'aurai oublié ce que j'aurai lu.

— Vous? — s'écria Rodin, comme si la

proposition de l'Indien lui eût semblé à la fois exorbitante et dangereuse — c'est impossible, prince... vous... lire cette lettre...

— Alors, excusez ma demande — dit doucement Djalma.

— Mais, au fait — reprit Rodin après un moment de réflexion et se parlant à lui-même — pourquoi non?

Et il ajouta en s'adressant à Djalma :

— Vraiment, vous auriez cette complaisance, mon cher prince? Je n'aurais pas osé vous demander ce service.

Ce disant Rodin remit la lettre à Djalma, qui la lut à voix haute.

Cette lettre était ainsi conçue :

« Votre visite de ce matin à l'hôtel de Saint-
» Dizier, d'après ce qui m'a été rapporté, doit
» être considérée comme une nouvelle agres-
» sion de votre part.

» Voici la dernière proposition que l'on
» vous a annoncée; peut-être sera-t-elle aussi
» infructueuse que la démarche que j'ai bien
» voulu tenter hier en me rendant rue Clovis.

» Après cette longue et pénible explication
» je vous ai dit que je vous écrirais; je tiens

» ma promesse, voici donc mon ultimatum.

» Et d'abord un avertissement :

» Prenez garde... Si vous vous opiniâtrez
» à soutenir une lutte inégale, vous serez ex-
» posé même à la haine de ceux que vous
» voulez follement protéger. On a mille
» moyens de vous perdre auprès d'eux en les
» éclairant sur vos projets. On leur prouvera
» que vous avez trempé dans le complot que
» vous prétendez maintenant dévoiler, et cela
» non pas par générosité, mais par cupidité. »

Quoique Djalma eût la parfaite délicatesse de sentir que la moindre question à Rodin au sujet de cette lettre serait une grave indiscrétion, il ne put s'empêcher de tourner vivement la tête vers le jésuite en lisant ce passage.

— Mon Dieu, oui ! il s'agit de moi.... de moi-même. Tel que vous me voyez, mon cher prince — ajouta-t-il en faisant allusion à ses vêtements sordides — on m'accuse de cupidité.

— Et quels sont ces gens que vous protégez ?

— Mes protégés ?.. — dit Rodin en feignant

quelque hésitation, comme s'il eût été embarrassé pour répondre — qui sont mes protégés?... Hum... hum... je vais vous dire... Ce sont... ce sont de pauvres diables sans aucunes ressources, gens de rien, mais gens de bien, n'ayant que leur bon droit dans... un procès qu'ils soutiennent; ils sont menacés d'être écrasés par des gens puissants, très-puissants... Ceux-là, heureusement, ne sont pas assez connus pour que je puisse les démasquer au profit de mes protégés... Que voulez-vous?... pauvre et chétif, je me range naturellement du côté des pauvres et des chétifs.. Mais continuez, je vous prie...

Djalma reprit :

« Vous avez donc tout à redouter en conti-
» nuant de nous être hostile, et rien à gagner
» en embrassant le parti de ceux que vous
» appelez vos amis ; ils seraient plus justement
» nommés vos dupes, car s'il était sincère,
» votre désintéressement serait inexplicable...
» Il doit donc cacher, et il cache, je le répète,
» des arrière-pensées de cupidité.

» Eh bien! sous ce rapport même... on peut
» vous offrir un ample dédommagement, avec

» cette différence que vos espérances sont
» uniquement fondées sur la reconnaissance
» probable de vos amis, éventualité fort
» chanceuse, tandis que nos offres seront réa-
» lisées à l'instant même : pour parler nette-
» ment, voici ce que l'on demande, ce que
» l'on exige de vous. Ce soir même, avant
» minuit pour tout délai, vous aurez quitté
» Paris, et vous vous engagerez à n'y pas re-
» venir avant six mois. »

Djalma ne put retenir un mouvement de surprise, et regarda Rodin.

— C'est tout simple — reprit-il; — le procès de mes pauvres protégés sera jugé avant cette époque, et, en m'éloignant, on m'empêche de veiller sur eux; vous comprenez, mon cher prince — dit Rodin avec une indignation amère. Veuillez continuer et m'excuser de vous avoir interrompu;... mais tant d'impudence me révolte...

Djalma continua :

« Pour que nous ayons la certitude de votre
» éloignement de Paris durant six mois, vous
» vous rendrez chez un de nos amis en Alle-
» magne; vous recevrez chez lui une géné-

» reuse hospitalité; mais vous y demeurerez
» forcément jusqu'à l'expiration du délai. »

— Oui... une prison volontaire — dit Rodin.

« A ces conditions, vous recevrez une pen-
» sion de 1,000 fr. par mois, à dater de votre
» départ de Paris, 10,000 fr. comptant et
» 20,000 fr. après les six mois écoulés. Le tout
» vous sera suffisamment garanti. Enfin, au
» bout de six mois, on vous assurera une po-
» sition aussi honorable qu'indépendante. »

Djalma s'étant arrêté par un mouvement d'indignation involontaire, Rodin lui dit :

— Continuez, je vous prie, cher prince, il faut lire jusqu'au bout, cela vous donnera une idée de ce qui se passe au milieu de notre civilisation.

Djalma reprit :

« Vous connaissez assez la marche des cho-
» ses et ce que nous sommes pour savoir,
» qu'en vous éloignant, nous voulons seule-
» ment nous défaire d'un ennemi peu dange-
» reux, mais très-importun; ne soyez pas
» aveuglé par votre premier succès. Les suites
» de votre dénonciation seront étouffées, parce

» qu'elle est calomnieuse ; le juge qui l'a ac-
» cueillie se repentira cruellement de son
» odieuse partialité. Vous pouvez faire de cette
» lettre tel usage que vous voudrez. Nous sa-
» vons ce que nous écrivons, à qui nous écri-
» vons et comment nous écrivons. Vous rece-
» vrez cette lettre à trois heures. Si, à quatre
» heures, nous n'avons pas de vous une ac-
» ceptation de votre main, pleine et entière,
» au bas de cette lettre... la guerre recom-
» mence... non pas demain, mais ce soir. »

Cette lecture finie, Djalma regarda Rodin, qui lui dit :

— Permettez-moi d'appeler Faringhea. —

Et ce disant, il frappa sur un timbre.

Le métis parut.

Rodin reçut la lettre des mains de Djalma, la déchira en deux morceaux, la froissa entre ses mains, de manière à en faire une espèce de boule, et dit au métis en la lui remettant :

— Vous donnerez ce chiffon de papier à la personne qui attend, et vous lui direz que telle est ma réponse à cette lettre indigne et insolente; vous entendez bien... à cette lettre indigne et insolente.

— J'entends bien — dit le métis — et il sortit.

— C'est peut-être une guerre dangereuse pour vous, mon père — dit l'Indien avec intérêt.

— Oui, cher prince, dangereuse, peut-être... Mais je ne fais pas comme vous... moi; je ne veux pas tuer mes ennemis parce qu'ils sont lâches et méchants... je les combats... sous l'égide de la loi; imitez-moi donc... — Puis, voyant les traits de Djalma se rembrunir, Rodin ajouta : — J'ai tort... je ne veux plus vous conseiller à ce sujet... Seulement, convenons de remettre cette question au seul jugement de votre digne et maternelle protectrice. Demain je la verrai; si elle y consent, je vous dirai le nom de vos ennemis. Sinon... non.

— Et cette femme... cette seconde mère... — dit Djalma — est d'un caractère tel que je pourrai me soumettre à son jugement?

— Elle... — s'écria Rodin en joignant les mains et en poursuivant avec une exaltation croissante; — elle... mais c'est ce qu'il y a de plus noble, de plus généreux, de plus vaillant sur la terre!... elle... votre protectrice! mais, vous seriez réellement son fils... elle vous aimerait de toute la violence de l'amour maternel, que s'il s'agissait pour vous de choisir entre une lâcheté ou la mort, elle vous dirait: — Meurs! quitte à mourir avec vous.

— Oh! noble femme!... ma mère était ainsi! — s'écria Djalma avec entraînement.

— Elle... — reprit Rodin dans un enthousiasme croissant, et se rapprochant de la fenêtre cachée par le store sur lequel il jeta un regard oblique et inquiet.—Votre protectrice! mais figurez-vous donc le courage, la droiture, la loyauté en personne. Oh! loyale surtout!... Oui, c'est la franchise chevaleresque de l'homme de grand cœur jointe à l'altière dignité d'une femme qui, de sa vie... entendez-vous bien, de sa vie, non-seulement n'a jamais menti, non-seulement n'a jamais caché une de ses pensées, mais qui mourrait plutôt que de céder au moindre de ces petits sentiments d'astuce, de dissimulation ou de ruse presque forcés chez les femmes ordinaires par leur situation même.

Il est difficile d'exprimer l'admiration qui

éclatait sur la figure de Djalma en entendant le portrait tracé par Rodin; ses yeux brillaient, ses joues se coloraient, son cœur palpitait d'enthousiasme.

— Bien, bien, noble cœur — lui dit Rodin en faisant un nouveau pas vers le store — j'aime à voir votre belle âme resplendir sur vos beaux traits... en m'entendant ainsi parler de votre protectrice inconnue. Ah! c'est qu'elle est digne de cette adoration sainte qu'inspirent les nobles cœurs, les grands caractères.

— Oh! je vous crois — s'écria Djalma avec exaltation; — mon cœur est pénétré d'admiration et aussi d'étonnement : car ma mère n'est plus, et une telle femme existe!

— Oh! oui, pour la consolation des affligés elle existe; oui, pour l'orgueil de son sexe elle existe; oui, pour faire adorer la vérité, exécrer le mensonge, elle existe... Le mensonge, la feinte surtout, n'ont jamais terni cette loyauté brillante et héroïque comme l'épée d'un chevalier... Tenez, il y a peu de jours, cette noble femme m'a dit d'admirables paroles, que je n'oublierai de ma vie :—Monsieur, dès que j'ai un soupçon sur quelqu'un que j'aime ou que j'estime...

Rodin n'acheva pas.

Le store, si violemment secoué au dehors, que son ressort se brisa, se releva brusquement, à la grande stupeur de Djalma, qui vit apparaître à ses yeux mademoiselle de Cardoville.

Le manteau d'Adrienne avait glissé de ses épaules, et au violent mouvement qu'elle fit en s'approchant du store, son chapeau, dont les rubans étaient dénoués, était tombé.

Sortie précipitamment, n'ayant eu le temps que de jeter une pelisse sur le costume pittoresque et charmant dont par caprice elle s'habillait souvent dans sa maison, elle apparaissait si rayonnante de beauté aux yeux éblouis de Djalma, parmi ces feuilles et ces fleurs, que l'Indien se croyait sous l'empire d'un songe...

Les mains jointes, les yeux grands ouverts, le corps légèrement penché en avant, comme s'il l'eût fléchi pour prier, il restait pétrifié d'admiration.

Mademoiselle de Cardoville, émue, le visage légèrement coloré par l'émotion, sans entrer dans le salon, se tenait debout sur le seuil de la porte de la serre chaude.

Tout ceci s'était passé en moins de temps qu'il n'en faut pour l'écrire; aussi, à peine le store eut-il été relevé, que Rodin, feignant la surprise, s'écria :

— Vous, ici... mademoiselle?

— Oui, monsieur — dit Adrienne d'une voix altérée — je viens terminer la phrase que vous avez commencée; je vous avais dit que, lorsqu'un soupçon me venait à l'esprit, je le disais hautement à la personne qui me l'inspirait. Eh bien! je l'avoue, à cette loyauté j'ai failli : j'étais venue pour vous épier, au moment même où votre réponse à l'abbé d'Aigrigny me donnait un nouveau gage de votre dévouement et de votre sincérité; je doutais de votre droiture au moment même où vous rendiez témoignage de ma franchise... Pour la première fois de ma vie, je me suis abaissée jusqu'à la ruse... cette faiblesse mérite une punition, je la subis; une réparation, je vous la fais; des excuses, je vous les offre... — puis, s'adressant à Djalma, elle ajouta : —

Maintenant, prince, le secret n'est plus permis... je suis votre parente, mademoiselle de Cardoville, et j'espère que vous accepterez d'une sœur l'hospitalité que vous acceptiez d'une mère.

Djalma ne répondit pas.

Plongé dans une contemplation extatique devant cette soudaine apparition, qui surpassait les plus folles, les plus éblouissantes visions de ses rêves, il éprouvait une sorte d'ivresse, qui, paralysant en lui la pensée, la réflexion, concentrait toute la puissance de son être dans la vue... et de même que l'on cherche en vain à étancher une soif inextinguible... le regard enflammé de l'Indien aspirait pour ainsi dire avec une avidité dévorante toutes les rares perfections de cette jeune fille.

En effet, jamais deux types plus divins n'avaient été mis en présence. Adrienne et Djalma offraient l'idéal de la beauté de l'homme et de la beauté de la femme. Il semblait y avoir quelque chose de fatal, de providentiel dans le rapprochement de ces deux natures si jeunes et si vivaces,.. si généreuses et si passionnées, si héroïques et si fières, qui, chose singulière, avant de se voir, connaissaient déjà toute leur valeur morale; car si, aux paroles de Rodin, Djalma avait senti s'éveiller dans son cœur une admiration aussi subite que vive et pénétrante pour les vaillantes et généreuses qualités de cette bienfaitrice inconnue, qu'il retrouvait dans mademoiselle de Cardoville, celle-ci avait été tour à tour émue, attendrie ou effrayée de l'entretien qu'elle venait de surprendre entre Rodin et Djalma, selon que celui-ci avait témoigné de la noblesse de son âme, de la délicate bonté de son cœur ou du terrible emportement de son caractère; puis elle n'avait pu retenir un mouvement d'étonnement, presque d'admiration, à la vue de la surprenante beauté du prince, et, bientôt après, un sentiment étrange, douloureux, une espèce de commotion électrique avait ébranlé tout son être lorsque ses yeux s'étaient rencontrés avec ceux de Djalma.

Alors, cruellement troublée et souffrant de ce trouble qu'elle maudissait, elle avait tâché de dissimuler cette impression profonde en s'adressant à Rodin pour s'excuser de l'avoir soupçonné... Mais le silence obstiné que gardait l'Indien venait redoubler l'embarras mortel de la jeune fille.

Levant de nouveau les yeux vers le prince afin de l'engager à répondre à son offre fraternelle, Adrienne, rencontrant encore son regard d'une fixité sauvage et ardente, baissa les yeux avec un mélange d'effroi, de tristesse et de fierté blessée ; alors elle se félicita d'avoir deviné l'inexorable nécessité où elle se voyait désormais de tenir Djalma éloigné d'elle, tant cette nature ardente et emportée lui causait déjà de craintes. Voulant mettre un terme à cette position pénible, elle dit à Rodin d'une voix basse et tremblante :

— De grâce, monsieur... parlez au prince ; répétez-lui mes offres... Je ne puis rester ici plus long-temps.

Ce disant, Adrienne fit un pas pour rejoindre Florine.

Djalma, au premier mouvement d'Adrienne, s'élança vers elle d'un bond comme un tigre sur la proie qu'on veut lui ravir. La jeune fille, épouvantée de l'expression d'ardeur farouche qui enflammait les traits de l'Indien, se rejeta en arrière en poussant un grand cri.

A ce cri, Djalma revint à lui-même, et se rappela tout ce qui venait de se passer; alors, pâle de regrets et de honte, tremblant, éperdu, les yeux noyés de larmes, les traits bouleversés et empreints du plus profond désespoir, il tomba aux genoux d'Adrienne, et, élevant vers elle ses mains jointes, il lui dit d'une voix adorablement douce, suppliante et timide :

— Oh! restez... restez.... ne me quittez pas... depuis si long-temps... je vous attends...

A cette prière faite avec la craintive ingénuité d'un enfant, avec une résignation qui contrastait si étrangement avec l'emportement farouche dont Adrienne venait d'être si fort effrayée, elle répondit en faisant signe à Florine de se disposer à partir.

— Prince... il m'est impossible de rester plus long-temps ici...

— Mais vous reviendrez? — dit Djalma en contraignant ses larmes — je vous reverrai?..

— Oh! non, jamais!.. jamais!.. dit mademoiselle de Cardoville d'une voix éteinte;

puis, profitant du saisissement où sa réponse avait jeté Djalma, Adrienne disparut rapidement derrière un des massifs de la serre chaude.

Au moment où Florine, se hâtant de rejoindre sa maîtresse, passait devant Rodin, il lui dit d'une voix basse et rapide :

— Il faut en finir demain avec la Mayeux.

Florine frissonna de tout son corps, et, sans répondre à Rodin, disparut comme Adrienne derrière un des massifs.

Djalma, brisé, anéanti, était resté à genoux, la tête baissée sur sa poitrine; sa ravissante physionomie n'exprimait ni colère, ni emportement, mais une stupeur navrante ; il pleurait silencieusement. Voyant Rodin s'approcher de lui, il se releva ; mais il tremblait si fort, qu'il put à peine d'un pas chancelant regagner le divan, où il tomba en cachant sa figure dans ses mains.

Alors Rodin, s'avançant, lui dit d'un ton doucereux et pénétré :

— Hélas!... je craignais ce qui arrive; je ne voulais pas vous faire connaître votre bienfaitrice, et je vous avais même dit qu'elle était vieille ; savez-vous pourquoi, cher prince?

Djalma, sans répondre, laissa tomber ses mains sur ses genoux et tourna vers Rodin son visage encore inondé de larmes.

— Je savais que mademoiselle de Cardoville était charmante, je savais qu'à votre âge l'on devient facilement amoureux — poursuivit Rodin — et je voulais vous épargner ce malheureux inconvénient, mon cher prince, car votre belle protectrice aime éperdûment un beau jeune homme de cette ville...

A ces mots, Djalma porta vivement ses deux mains sur son cœur, comme s'il venait d'y recevoir un coup aigu, poussa un cri de douleur féroce; sa tête se renversa en arrière, et il retomba évanoui sur le divan.

Rodin l'examina froidement pendant quelques secondes et dit en s'en allant et en brossant du coude son vieux chapeau :

— Allons... ça mord... ça mord...

CHAPITRE X.

LES CONSEILS.

Il est nuit.

Neuf heures viennent de sonner.

C'est le soir du jour où mademoiselle de Cardoville s'est, pour la première fois, trouvée en présence de Djalma; Florine, pâle, émue, tremblante, vient d'entrer, un bougeoir à la main, dans une chambre à coucher meublée avec simplicité, mais très-confortable.

Cette pièce fait partie de l'appartement occupé par la Mayeux chez Adrienne; il est situé au rez-de-chaussée et a deux entrées : l'une s'ouvre sur le jardin, l'autre sur la cour; c'est de ce côté que se présentent les personnes qui viennent s'adresser à la Mayeux pour obtenir des secours; une antichambre où l'on attend, un salon où elle reçoit les demandes, telles sont les pièces occupées par la Mayeux, et complétées par la chambre à coucher dans laquelle Florine vient d'entrer d'un air inquiet, presque alarmée, effleurant à peine le tapis du bout de ses pieds chaussés de satin, suspendant sa respiration et prêtant l'oreille au moindre bruit.

Plaçant son bougeoir sur la cheminée, la cameriste, après un rapide coup d'œil dans la chambre, alla vers un bureau d'acajou surmonté d'une jolie bibliothèque bien garnie; la clef était aux tiroirs de ce meuble; ils furent tous les trois visités par Florine. Ils contenaient différentes demandes de secours, quelques notes écrites de la main de la Mayeux. Ce n'était pas là ce que cherchait Florine. Un casier, contenant trois cartons, séparait la table du petit corps de bibliothèque; ces cartons furent aussi vainement explorés; Florine fit un geste de dépit chagrin, regarda autour d'elle, écouta encore avec anxiété, puis, avisant une commode, elle y fit de nouvelles et inutiles recherches.

Au pied du lit était une petite porte conduisant à un grand cabinet de toilette; Florine y pénétra, chercha d'abord, sans succès, dans une vaste armoire où étaient suspendues plusieurs robes noires nouvellement faites pour la Mayeux par les ordres de mademoiselle de Cardoville. Apercevant au bas et au fond de cette armoire et à demi cachée sous un manteau une mauvaise petite malle, Florine l'ouvrit précipitamment; elle y trouva soigneusement pliées les pauvres vieilles hardes dont la Mayeux était vêtue lorsqu'elle était entrée dans cette opulente maison.

Florine tressaillit; une émotion involontaire contracta ses traits; songeant qu'il ne s'agissait pas de s'attendrir, mais d'obéir aux ordres implacables de Rodin, elle referma brusquement la malle et l'armoire, sortit du cabinet de toilette, et revint dans la chambre à coucher.

Après avoir encore examiné le bureau, une idée subite lui vint. Ne se contentant pas de fouiller de nouveau les cartons, elle retira tout à fait le premier du casier, espérant peut-être trouver ce qu'elle cherchait entre le dos de ce carton et le fond de ce meuble; mais elle ne vit rien. Sa seconde tentative fut plus heureuse : elle trouva caché, où elle l'espérait, un cahier de papier assez épais. Elle fit un mouvement de surprise, car elle s'attendait à autre chose; pourtant elle prit ce manuscrit, l'ouvrit et le feuilleta rapidement. Après avoir parcouru plusieurs pages, elle manifesta son contentement et fit un mouvement pour mettre ce cahier dans sa poche; mais, après un moment de réflexion, elle le replaça où il était d'abord, rétablit tout en ordre, reprit son bougeoir et quitta l'appartement sans avoir été surprise, ainsi qu'elle y avait compté, sachant la Mayeux auprès de mademoiselle de Cardoville pour quelques heures.

. . . .

Le lendemain des recherches de Florine, la Mayeux, seule dans sa chambre à coucher, était assise dans un fauteuil, au coin d'une cheminée, où flambait un bon feu; un épais tapis couvrait le plancher; à travers les rideaux des fenêtres, on apercevait la pelouse d'un grand jardin; le silence profond n'était interrompu que par le bruit régulier du balancier d'une pendule et par le pétillement du foyer.

La Mayeux, les deux mains appuyées aux bras du fauteuil, se laissait aller à un sentiment de bonheur qu'elle n'avait jamais aussi complétement goûté depuis qu'elle habitait cet hôtel. Pour elle, habituée depuis si longtemps à de cruelles privations, il y avait un charme inexprimable dans le calme de cette retraite, dans la vue riante du jardin, et surtout dans la conscience de devoir le bien-être dont elle jouissait à la résignation et à l'énergie qu'elle avait montrées au milieu de tant de rudes épreuves heureusement terminées.

Une femme âgée, d'une figure douce et bonne, qui avait été, par la volonté expresse d'Adrienne, attachée au service de la Mayeux, entra et lui dit :

— Mademoiselle, il y a là un jeune homme qui désire vous parler tout de suite pour une affaire très-pressée... il se nomme Agricol Baudoin.

A ce nom, la Mayeux poussa un léger cri de joie et de surprise, rougit légèrement, se leva et courut à la porte qui conduisait au salon où se trouvait Agricol.

— Bonjour, ma bonne Mayeux! — dit le forgeron en embrassant cordialement la jeune fille dont les joues devinrent brûlantes et cramoisies sous ces baisers fraternels.

— Ah! mon Dieu! — s'écria tout à coup l'ouvrière en regardant Agricol avec angoisse — et ce bandeau noir que tu as au front!... Tu as donc été blessé?

— Ce n'est rien — dit le forgeron — absolument rien,... n'y songe pas... je te dirai tout à l'heure... comment cela m'est arrivé;.. mais auparavant j'ai des choses bien importantes à te confier.

— Viens dans ma chambre alors; nous serons seuls — dit la Mayeux en précédant Agricol.

Malgré l'assez grande inquiétude qui se peignait sur les traits d'Agricol, il ne put s'empêcher de sourire de contentement en entrant dans la chambre de la jeune fille, et en regardant autour de lui.

— A la bonne heure, ma pauvre Mayeux... voilà comme j'aurais voulu toujours te voir logée ; je reconnais bien là mademoiselle de Cardoville... Quel cœur !... quelle âme !... Tu ne sais pas... elle m'a écrit avant-hier... pour me remercier de ce que j'avais fait pour elle... en m'envoyant une épingle d'or très-simple, que je pouvais accepter, m'a-t-elle écrit, car elle n'avait d'autre valeur que d'avoir été portée par sa mère... Si tu savais comme j'ai été touché de la délicatesse de ce don !

— Rien ne doit étonner d'un cœur pareil au sien — répondit la Mayeux. — Mais ta blessure... ta blessure...

— Tout à l'heure, ma bonne Mayeux... j'ai tant de choses à t'apprendre !... Commençons par le plus pressé, car il s'agit dans un cas très-grave de me donner un bon conseil... tu sais combien j'ai confiance dans ton excellent cœur et dans ton jugement... Et puis, après, je te demanderai de me rendre un service... oh, oui ! un grand service — ajouta le forgeron d'un ton pénétré, presque solennel, qui étonna la Mayeux ; puis il reprit : — mais commençons par ce qui ne m'est pas personnel.

— Parle vite.

— Depuis que ma mère est partie avec Gabriel pour se rendre dans la petite cure de campagne qu'il a obtenue, et depuis que mon père loge avec M. le maréchal Simon et ses demoiselles, j'ai été, tu le sais, demeurer à la fabrique de M. Hardy avec mes camarades dans la *maison commune*. Or... ce matin... ah! il faut te dire que M. Hardy, de retour d'un long voyage qu'il a fait dernièrement, s'est de nouveau absenté depuis quelques jours, pour affaires. Ce matin donc, à l'heure du déjeuner, j'étais resté à travailler un peu après le dernier coup de cloche; je quittais les bâtiments de la fabrique pour aller à notre réfectoire, lorsque je vois entrer dans la cour une femme qui venait de descendre d'un fiacre; elle s'avance vivement vers moi; je remarque qu'elle est blonde, quoique son voile fût à moitié baissé, d'une figure aussi douce que jolie, et mise comme une personne très-distinguée. Mais frappé de sa pâleur, de son air inquiet, effrayé, je lui demande ce qu'elle désire. — Monsieur — me dit-elle d'une voix tremblante en paraissant faire un effort sur elle-même — êtes-vous l'un des ouvriers de cette fabrique?—Oui, madame.— M. Hardy est donc en danger? — s'écria-t-elle. — M. Hardy, madame! mais il n'est pas de retour à la fabrique. — Comment! — reprit-elle — M. Hardy n'est pas revenu ici hier au soir, il n'a pas été très-dangereusement blessé par une machine en visitant ses ateliers?... — En prononçant ces mots les lèvres de cette pauvre jeune dame tremblaient bien fort et je voyais de grosses larmes rouler dans ses yeux. — Dieu merci, madame! rien n'est plus faux que tout cela — lui dis-je; — car M. Hardy n'est pas de retour, on annonce seulement son arrivée pour demain ou après. — Ainsi, monsieur,... vous dites bien vrai, M. Hardy n'est pas arrivé, n'est pas blessé? — reprit la jolie dame en essuyant ses yeux. — Je vous dis la vérité, madame; si M. Hardy était en danger, je ne serais pas si tranquille en vous parlant de lui. — Ah, merci! mon Dieu! merci! — s'écria la jeune dame. — Puis elle m'exprima sa reconnaissance d'un air si heureux, si touché, que j'en fus ému. Mais tout à coup, comme si alors elle avait honte de la démarche qu'elle venait de faire, elle rabaissa son voile, me quitta précipitamment, sortit de la cour et remonta dans le fiacre qui l'avait amenée. Je me dis : c'est une dame qui s'intéresse à M. Hardy et qui aura été alarmée par un faux bruit.

— Elle l'aime sans doute — dit la Mayeux attendrie — et, dans son inquiétude, elle aura commis peut-être une imprudence en venant s'informer de ses nouvelles.

— Tu ne dis que trop vrai. Je la regarde remonter dans son fiacre, avec intérêt, car son émotion m'avait gagné... Le fiacre repart.. mais que vois-je quelques instants après ! un cabriolet de place que la jeune dame n'avait pu apercevoir, caché qu'il était par l'angle d'une muraille; et au moment où il détourne, je distingue parfaitement un homme, assis à côté du cocher, lui faisant signe de prendre le même chemin que le fiacre.

— Cette pauvre jeune dame était suivie — dit la Mayeux avec inquiétude.

— Sans doute; aussi je m'élance après le

fiacre, je l'atteins et, à travers les stores baissés, je dis à la jeune dame, en courant à côté de la portière : Madame, prenez garde à vous, vous êtes suivie par un cabriolet.

— Bien !.. bien ! Agricol... et t'a-t-elle répondu ?

— Je l'ai entendue crier : — Grand Dieu ! — avec un accent déchirant. Et le fiacre a continué de marcher. Bientôt le cabriolet a passé devant moi ; j'ai vu à côté du cocher un homme grand, gros et rouge, qui, m'ayant vu courir après le fiacre, s'est peut-être douté de quelque chose, car il m'a regardé d'un air inquiet.

— Et quand arrive M. Hardy ? — reprit la Mayeux.

— Demain ou après-demain ; maintenant, ma bonne Mayeux, conseille-moi... Cette jeune dame aime M. Hardy, c'est évident. Elle est sans doute mariée, puisqu'elle avait l'air très-embarrassée en me parlant et qu'elle a poussé un cri d'effroi en apprenant qu'on la suivait... Que dois-je faire ?... J'avais envie de demander avis au père Simon ; mais il est si rigide !... Et puis à son âge... une affaire d'amour!... Au lieu que toi, ma bonne Mayeux, qui es si délicate et si sensible... tu comprendras cela.

La jeune fille tressaillit, sourit avec amertume; Agricol ne s'en aperçut pas et continua :

— Aussi je me suis dit : Il n'y a que la Mayeux qui puisse me conseiller. En admettant que M. Hardy revienne demain, dois-je lui dire ce qui s'est passé, ou bien...

— Attends donc... — s'écria tout à coup la Mayeux en interrompant Agricol et paraissant rassembler ses souvenirs — lorsque je suis allée au couvent de Sainte-Marie demander de l'ouvrage à la supérieure, elle m'a proposé d'entrer ouvrière à la journée dans une maison où je devais... surveiller... tranchons le mot... espionner...

— La misérable!...

— Et sais-tu — dit la Mayeux — sais-tu chez qui l'on me proposait d'entrer pour faire cet indigne métier? Chez une madame de... Fremont ou de Bremont, je ne me souviens plus bien, femme excessivement religieuse, mais dont la fille, jeune dame mariée, que je devais surtout épier, me dit la supérieure, recevait les visites trop assidues d'un manufacturier.

— Que dis-tu! — s'écria Agricol — ce manufacturier serait?...

— Monsieur Hardy... j'avais trop de raisons pour ne pas oublier ce nom, que la supérieure a prononcé... Depuis ce jour tant d'événements se sont passés, que j'avais oublié cette circonstance. Ainsi, il est probable que cette jeune dame est celle dont on m'avait parlé au couvent.

— Et quel intérêt la supérieure du couvent avait-elle à cet espionnage? — demanda le forgeron.

— Je l'ignore;... mais, tu le vois, l'intérêt qui la faisait agir subsiste toujours, puisque cette jeune dame a été épiée... et peut-être, à cette heure, est dénoncée... déshonorée... Ah! c'est affreux!

— Puis, voyant Agricol tressaillir vivement, la Mayeux ajouta : — Mais, qu'as-tu donc?...

— Et pourquoi non — se dit le forgeron en se parlant à lui-même — si tout cela... partait de la même main!... La supérieure d'un couvent peut bien s'entendre avec un abbé... Mais alors... dans quel but...

— Explique-toi donc, Agricol — reprit la Mayeux. — Et puis enfin ta blessure... comment l'as-tu reçue ? Je t'en conjure, rassure-moi.

— Et c'est justement de ma blessure que je vais te parler... car, en vérité, plus j'y songe, plus l'aventure de cette jeune dame me paraît se relier à d'autres faits.

— Que dis-tu !

— Figure-toi que, depuis quelques jours, il se passe des choses singulières aux environs de notre fabrique : d'abord, comme nous sommes en carême, un abbé de Paris, un grand bel homme, dit-on, est déjà venu prêcher dans le petit village de Villiers, qui n'est qu'à un quart de lieue de nos ateliers... Cet abbé a trouvé moyen, dans son prêche, de calomnier et d'attaquer M. Hardy.

— Comment cela ?

— M. Hardy a fait une sorte de règlement imprimé, relatif à notre travail et aux droits dans les bénéfices qu'il nous accorde; ce règlement est suivi de plusieurs maximes aussi nobles que simples, de quelques préceptes de fraternité à la portée de tout le monde, extraits de différents philosophes et de différentes religions... De ce que M. Hardy a choisi ce qu'il y avait de plus pur parmi les différents préceptes religieux, M. l'abbé a conclu que M. Hardy n'avait aucune religion, et il est parti de ce thème, non-seulement pour l'attaquer en chaire, mais pour désigner notre fabrique comme un foyer de perdition, de damnation et de corruption, parce que, le dimanche, au lieu d'aller écouter ses sermons ou d'aller au cabaret, nos camarades, leurs femmes et leurs enfants passent la journée à cultiver leurs petits jardins, à faire des lectures, à chanter en chœur ou à danser en famille dans notre maison commune; l'abbé a même été jusqu'à dire que le voisinage d'un tel amas d'athées, c'est ainsi qu'il nous appelle, pouvait attirer la colère du ciel sur un pays... que l'on parlait beaucoup du choléra, qui s'avançait, et qu'il serait possible que, grâce à notre voisinage impie, tous les environs fussent frappés de ce fléau vengeur.

— Mais, dire de telles choses à des gens

ignorants — s'écria la Mayeux — c'est risquer de les exciter à de funestes actions.

— C'est justement ce que voulait l'abbé.

— Que dis-tu?

— Les habitants des environs, encore excités, sans doute, par quelques meneurs, se montrent hostiles aux ouvriers de la fabrique; on a exploité, sinon leur haine, du moins leur envie... En effet, nous voyant vivre en commun, bien logés, bien nourris, bien chauffés, bien vêtus, actifs, gais et laborieux, leur jalousie s'est encore aigrie par les prédications de l'abbé et par les sourdes menées de quelques mauvais sujets que j'ai reconnus pour être les plus mauvais ouvriers de M. Tripeaud... notre concurrent. Toutes ces excitations commencent à porter leurs fruits; il y a déjà eu deux ou trois rixes entre nous et les habitants des environs... C'est dans une de ces bagarres que j'ai reçu un coup de pierre à la tête...

— Et cela n'a rien de grave, Agricol, bien sûr? — dit la Mayeux avec inquiétude.

— Rien, absolument, te dis-je... mais les ennemis de M. Hardy ne se sont pas bornés aux prédications : ils ont mis en œuvre quelque chose de bien plus dangereux.

—Et quoi encore?

—Moi, et presque tous mes camarades, nous avons fait solidement le coup de fusil en juillet; mais il ne nous convient pas, quant à présent, et pour cause, de reprendre les armes; ce n'est pas l'avis de tout le monde, soit; nous ne blâmons personne, mais nous avons notre idée; et le père Simon, qui est brave comme son fils, et aussi patriote que personne, nous approuve et nous dirige. Eh bien! depuis quelques jours, on trouve tout autour de la fabrique, dans le jardin, dans les cours, des imprimés où on nous dit :...
« Vous êtes des lâches, des égoïstes; parce
» que le hasard vous a donné un bon maître,
» vous restez indifférents aux malheurs de vos
» frères et aux moyens de les émanciper; le
» bien-être matériel vous énerve. »

—Mon Dieu! Agricol, quelle effrayante persistance dans la méchanceté!

—Oui... et malheureusement ces menées ont commencé à avoir quelque influence sur plusieurs de nos plus jeunes camarades;

comme, après tout, on s'adressait à des sentiments généreux et fiers, il y a eu de l'écho... déjà quelques germes de division se sont développés dans nos ateliers jusqu'alors si fraternellement unis ; on sent qu'il y règne une sourde fermentation... une froide défiance remplace, chez quelques-uns, la cordialité accoutumée... Maintenant, si je te dis que je suis presque certain que ces imprimés, jetés par-dessus les murs de la fabrique, et qui ont fait éclater entre nous quelques ferments de discorde, ont été répandus par des émissaires de l'abbé prêcheur... ne trouves-tu pas que tout cela, coïncidant avec ce qui est arrivé ce matin à cette jeune dame, prouve que M. Hardy a, depuis peu, de nombreux ennemis ?

— Comme toi, je trouve cela effrayant, Agricol — dit la Mayeux — et cela est si grave, que M. Hardy pourra seul prendre une décision à ce sujet... Quant à ce qui est arrivé ce matin à cette jeune dame, il me semble que sitôt le retour de M. Hardy, tu dois lui demander un entretien, et, si délicate que soit une pareille révélation, lui dire ce qui s'est passé.

— C'est cela qui m'embarrasse... Ne crains-tu pas que je paraisse ainsi vouloir entrer dans ses secrets ?

— Si cette jeune dame n'avait pas été suivie, j'aurais partagé tes scrupules... Mais on l'a épiée; elle court un danger... selon moi, il est de ton devoir de prévenir M. Hardy... Suppose, comme cela est probable, que cette dame soit mariée... ne vaut-il pas mieux, pour mille raisons, que M. Hardy soit instruit de tout?

— C'est juste, ma bonne Mayeux;... je suivrai ton conseil; M. Hardy saura tout... Maintenant, nous avons parlé des autres... parlons de moi... oui, de moi... car il s'agit d'une chose dont peut dépendre le bonheur de ma vie — ajouta le forgeron d'un ton grave qui frappa la Mayeux.

— Tu sais — reprit Agricol après un moment de silence — que, depuis mon enfance, je ne t'ai rien caché,... que je t'ai tout dit... tout absolument?

— Je le sais, Agricol, je le sais — dit la Mayeux en tendant sa main blanche et fluette au forgeron, qui la serra cordialement et qui continua :

— Quand je dis que je n'ai rien caché... je me trompe... je t'ai toujours caché mes amourettes... et cela, parce que, bien que l'on puisse tout dire à une sœur... il y a pourtant des choses dont on ne doit pas parler à une digne et honnête fille comme toi...

— Je te remercie, Agricol ;... j'avais... remarqué cette réserve de ta part... — répondit la Mayeux en baissant les yeux et contraignant héroïquement la douleur qu'elle ressentait — je t'en remercie.

— Mais par cela même que je m'étais imposé de ne jamais te parler de mes amourettes, je m'étais dit :... S'il m'arrive quelque chose de sérieux... enfin un amour qui me fasse songer au mariage !... oh ! alors, comme l'on confie d'abord à sa sœur ce que l'on soumet ensuite à son père et à sa mère, ma bonne Mayeux sera la première instruite.

— Tu es bien bon ! Agricol...

— Eh bien !... le quelque chose de sérieux est arrivé... Je suis amoureux comme un fou et je songe au mariage.

A ces mots d'Agricol, la pauvre Mayeux se sentit pendant un instant paralysée; il lui sembla que son sang s'arrêtait et se glaçait dans ses veines; pendant quelques secondes,.. elle crut mourir,... son cœur cessa de battre;... elle le sentit, non pas se briser, mais se fondre, mais s'annihiler... Puis, cette foudroyante émotion passée, ainsi que les martyrs qui trouvaient dans la surexcitation même d'une douleur atroce cette puissance terrible qui les faisait sourire au milieu des tortures, la malheureuse fille trouva, dans la crainte de laisser pénétrer le secret de son ridicule et fatal amour, une force incroyable; elle releva la tête, regarda le forgeron avec calme, presque avec sérénité, et lui dit d'une voix assurée :

— Ah! tu aimes quelqu'un... sérieusement...

— C'est-à-dire, ma bonne Mayeux, que, depuis quatre jours,... je ne vis pas... ou plutôt je ne vis que de cet amour...

— Il y a seulement... quatre jours... que tu es amoureux ?...

— Pas davantage,... mais le temps n'y fait rien...

— Et... *elle* est bien jolie?

— Brune,... une taille de nymphe, blanche comme un lis,... des yeux bleus,... grands comme ça, et aussi doux... aussi bons... que les tiens...

— Tu me flattes, Agricol.

— Non, non... c'est Angèle que je flatte... car elle s'appelle ainsi... Quel joli nom!... n'est-ce pas, ma bonne Mayeux?

— C'est un nom charmant... — dit la pauvre fille en comparant avec une douleur amère le contraste de ce gracieux nom avec le sobriquet de *la Mayeux*, que le brave Agricol lui donnait sans y songer.

Elle reprit avec un calme effrayant :

— Angèle... oui, c'est un nom charmant!..

— Eh bien! figure-toi que ce nom semble être l'image non-seulement de sa figure, mais de son cœur... En un mot,... c'est un cœur, je le crois, du moins, presque au niveau du tien.

— Elle a mes yeux,... elle a mon cœur — dit la Mayeux en souriant — c'est singulier comme nous nous ressemblons...

Agricol ne s'aperçut pas de l'ironie désespérée que cachaient les paroles de la Mayeux ; et il reprit avec une tendresse aussi sincère qu'inexorable :

— Est-ce que tu crois, ma bonne Mayeux, que je me serais laissé prendre à un amour sérieux, s'il n'y avait pas eu dans le caractère, dans le cœur, dans l'esprit de celle que j'aime, beaucoup de toi ?

— Allons, frère... — dit la Mayeux en souriant.... oui, l'infortunée eut le courage, eut la force de sourire... — allons, frère, tu es en veine de galanterie aujourd'hui,... et où as-tu connu cette jolie personne ?

— C'est tout bonnement la sœur d'un de mes camarades; sa mère est à la tête de la lingerie commune des ouvriers; elle a eu besoin d'une aide à l'année, et comme, selon l'habitude de l'association, l'on emploie de préférence les parents des sociétaires,... madame Bertin, c'est le nom de la mère de mon camarade, a fait venir sa fille de Lille, où elle était auprès d'une de ses tantes, et depuis cinq jours elle est à la lingerie... Le premier soir où je l'ai vue... j'ai passé trois heures à la veillée, à causer avec elle, sa mère et son frère ;...

je me suis senti saisi dans le vif du cœur ; le lendemain, le surlendemain, ça n'a fait qu'augmenter ;... et maintenant j'en suis fou... bien résolu à me marier... selon ce que tu diras... Cependant... oui... cela t'étonne... mais tout dépend de toi ; je ne demanderai la permission à mon père et à ma mère qu'après que tu auras parlé.

— Je ne te comprends pas, Agricol.

— Tu sais la confiance absolue que j'ai dans l'incroyable instinct de ton cœur ; bien des fois tu m'as dit : Agricol, défie-toi de celui-ci, aime celui-là, aie confiance dans cet autre... Jamais tu ne t'es trompée. Eh bien ! il faut que tu me rendes le même service... Tu demanderas à mademoiselle de Cardoville la permission de t'absenter ; je te mènerai à la fabrique ; j'ai parlé de toi à madame Bertin et à sa fille comme de ma sœur chérie ;... et selon l'impression que tu ressentiras après avoir vu Angèle... je me déclarerai ou je ne me déclarerai pas... C'est, si tu veux, un enfantillage, une superstition de ma part, mais je suis ainsi.

— Soit — répondit la Mayeux avec un

courage héroïque — je verrai mademoiselle Angèle; je te dirai ce que j'en pense... et cela, entends-tu... sincèrement.

— Je le sais bien... Et quand viendras-tu?

— Il faut que je demande à mademoiselle de Cardoville quel jour elle n'aura pas besoin de moi;... je te le ferai savoir...

— Merci! ma bonne Mayeux — dit Agricol avec effusion; puis il ajouta en souriant — et prends ton meilleur jugement... ton jugement des grands jours...

— Ne plaisante pas, frère... — dit la Mayeux d'une voix douce et triste — ceci est grave... il s'agit du bonheur de toute ta vie...

A ce moment on frappa discrètement à la porte.

— Entrez, dit la Mayeux.

Florine parut.

— Mademoiselle vous prie de vouloir bien passer chez elle, si vous n'êtes pas occupée — dit Florine à la Mayeux.

Celle-ci se leva, et s'adressant au forgeron:

— Veux-tu attendre un moment, Agricol? je demanderai à mademoiselle de Cardoville de quel jour je pourrai disposer, et je viendrai te le redire.

Ce disant, la jeune fille sortit, laissant Agricol avec Florine.

— J'aurais bien désiré remercier aujourd'hui mademoiselle de Cardoville — dit Agricol — mais j'ai craint d'être indiscret.

— Mademoiselle est un peu souffrante — dit Florine — et elle n'a reçu personne, monsieur; mais je suis sûre que, dès qu'elle ira mieux, elle se fera un plaisir de vous voir.

La Mayeux rentra et dit à Agricol :

Si tu veux venir me prendre demain sur les trois heures, afin de ne pas perdre ta journée entière, nous irons à la fabrique et tu me ramèneras dans la soirée.

— Ainsi à demain, trois heures, ma bonne Mayeux.

— A demain, trois heures, Agricol.

. . . .

Le soir de ce même jour, lorsque tout fut calme dans l'hôtel, la Mayeux, qui était restée jusqu'à dix heures auprès de mademoiselle de Cardoville, rentra dans sa chambre à coucher, ferma sa porte à clef, puis, se trouvant enfin libre et sans contrainte, elle se jeta à genoux devant un fauteuil et fondit en larmes.

La jeune fille pleura long-temps... bien long-temps.

Lorsque ses larmes furent taries, elle essuya ses yeux, s'approcha de son bureau, ôta le carton du casier, prit dans cette cachette le manuscrit que Florine avait rapidement feuilleté la veille, et écrivit une partie de la nuit sur ce cahier.

CHAPITRE XI.

LE JOURNAL DE LA MAYEUX.

Nous l'avons dit, la Mayeux avait écrit, une partie de la nuit, sur le cahier découvert et parcouru la veille par Florine, qui n'avait pas osé le dérober avant d'avoir instruit de son contenu les personnes qui la faisaient agir et sans avoir pris leurs derniers ordres à ce sujet.

Expliquons l'existence de ce manuscrit avant de l'ouvrir au lecteur.

Du jour où la Mayeux s'était aperçue de son amour pour Agricol, le premier mot de ce manuscrit avait été écrit.

Douée d'un caractère essentiellement expansif, et pourtant se sentant toujours comprimée par la terreur du ridicule, terreur dont la douloureuse exagération était la seule faiblesse de la Mayeux, à qui cette infortunée eût-elle confié le secret de sa funeste passion, si ce n'est au papier.... à ce muet confident des âmes ombrageuses ou blessées, à cet ami patient, silencieux et froid, qui, s'il ne répond pas à des plaintes déchirantes, du moins toujours écoute, toujours se souvient?

Lorsque son cœur déborda d'émotions, tantôt tristes et douces, tantôt amères et déchirantes, la pauvre ouvrière, trouvant un charme mélancolique dans ces épanchements muets et solitaires, tantôt revêtus d'une forme poétique, simple et touchante, tantôt écrits en prose naïve, s'était habituée peu à peu à ne pas borner ces confidences à ce qui touchait Agricol; bien qu'il fût au fond de toutes ses pensées, certaines réflexions que faisait naître en elle la vue de la beauté, de l'amour heureux, de la maternité, de la richesse et de l'infortune, étaient, pour ainsi dire, trop intimement empreintes de sa personnalité si malheureusement exceptionnelle pour qu'elle osât même les communiquer à Agricol.

Tel était donc ce journal d'une pauvre fille du peuple, chétive, difforme et misérable, mais douée d'une âme angélique et d'une belle intelligence développée par la lecture, par la méditation, par la solitude; pages ignorées qui cependant contenaient des aperçus saisissants et profonds sur les êtres et sur les choses, pris du point de vue particulier où la fatalité avait placé cette infortunée.

Les lignes suivantes, çà et là brusquement interrompues ou tachées de larmes, selon le cours des émotions que la Mayeux avait ressenties la veille en apprenant le profond amour d'Agricol pour Angèle, formaient les dernières pages de ce journal.

―――

« Vendredi, 3 mars 1832.

» ... Ma nuit n'avait été agitée par aucun » rêve pénible; ce matin, je me suis levée sans » aucun triste pressentiment.

» J'étais calme, tranquille, lorsqu'Agricol
» est arrivé.

» Il ne m'a pas paru ému ; il a été, comme
» toujours, simple, affectueux ; il m'a d'abord
» parlé d'un événement relatif à M. Hardy, et
» puis, sans transition, sans hésitation, il m'a
» dit :

» — *Depuis quatre jours, je suis éperdument*
» *amoureux... Ce sentiment est si sérieux, que je*
» *pense à me marier... Je viens te consulter.*

» Voilà comme cette révélation si acca-
» blante pour moi m'a été faite... naturelle-
» ment, cordialement, moi d'un côté de la
» cheminée, Agricol de l'autre, comme si
» nous avions causé de choses indifférentes.

» Il n'en faut cependant pas plus pour
» vous briser le cœur... Quelqu'un entre,
» vous embrasse fraternellement, s'assied...
» vous parle... et puis...

» Oh ! mon Dieu... mon Dieu... ma tête se
perd.

. . . .

» Je me sens plus calme... Allons, courage,
» pauvre cœur... Courage ; si un jour l'infor-
» tune m'accable de nouveau, je relirai ces

» lignes, écrites sous l'impression de la plus
» cruelle douleur que je doive jamais ressen-
» tir, et je me dirai : Qu'est-ce que le chagrin
» auprès du chagrin passé?

» Douleur bien cruelle que la mienne!...
» Elle est illégitime, ridicule, honteuse; je
» n'oserais pas l'avouer, même à la plus ten-
» dre, à la plus indulgente des mères...

» Hélas! c'est qu'il est des peines bien af-
» freuses qui pourtant font à bon droit hausser
» les épaules de pitié ou de dédain. Hélas!...
» c'est qu'il est des malheurs défendus...

» Agricol m'a demandé d'aller voir demain
» la jeune fille dont il est passionnément
» épris, et qu'il épousera si l'instinct de mon
» cœur lui conseille... ce mariage... Cette
» pensée est la plus douloureuse de toutes
» celles qui m'ont torturée depuis qu'il m'a
» si impitoyablement annoncé cet amour...

» Impitoyablement... non, Agricol;... non,
» non, frère, pardon de cet injuste cri de ma
» souffrance!... Est-ce que tu sais... est-ce
» que tu peux te douter que je t'aime plus
» fortement que tu n'aimes et que tu n'aime-
» ras jamais cette charmante créature!

» *Brune, une taille de nymphe, blanche
» comme un lis, et des yeux bleus... longs comme
» cela et presque aussi doux que les tiens...* »

» Voilà comme il a dit en me faisant son
» portrait.

» Pauvre Agricol, aurait-il souffert, mon
» Dieu!! s'il avait su que chacune de ses pa-
» roles me déchirait le cœur!

« Jamais je n'ai mieux senti qu'en ce mo-
» ment la commisération profonde, la tendre
» pitié que vous inspire un être affectueux et
» bon, qui dans sa sincère ignorance vous
» blesse à mort et vous sourit...

» Aussi on ne le blâme pas,... non,... on le
» plaint de toute la douleur qu'il éprouverait
» en découvrant le mal qu'il vous cause.

» Chose étrange! jamais Agricol ne m'avait
» paru plus beau que ce matin... Comme son
» mâle visage était doucement ému en me
» parlant des inquiétudes de cette jeune et
» jolie dame!.. En l'écoutant me raconter ces
» angoisses d'une femme qui risque à se per-
» dre pour l'homme qu'elle aime... je sentais
» mon cœur palpiter violemment... mes mains
» devenir brûlantes... une molle langueur

» s'emparer de moi... Ridicule et dérision !!!
» Est-ce que j'ai le droit, moi, d'être émue
» ainsi ?

. . . .

» Je me souviens que pendant qu'il par-
» lait, j'ai jeté un regard rapide sur la glace;
» j'étais fière d'être si bien vêtue; lui, ne
» l'a pas seulement remarqué; mais il n'im-
» porte; il m'a semblé que mon bonnet m'al-
» lait bien, que mes cheveux étaient brillants,
» que mon regard était doux...

» Je trouvais Agricol si beau... que je suis
» parvenue à me trouver moins laide que
» d'habitude!!! sans doute pour m'excuser à
« mes propres yeux d'oser l'aimer...

» Après tout... ce qui arrive aujourd'hui
« devait arriver un jour ou un autre.

» Oui... et cela est consolant comme cette
» pensée... pour ceux qui aiment la vie : —
» que la mort n'est rien... parce qu'elle doit
» arriver un jour ou l'autre.

» Ce qui m'a toujours préservée du sui-
» cide... ce dernier mot de l'infortuné qui
» préfère aller vers Dieu à rester parmi

» ses créatures... c'est le sentiment du de-
» voir... Il ne faut pas songer qu'à soi.

» Et je me disais aussi : Dieu est bon,...
» toujours bon,... puisque les êtres les plus
» déshérités... trouvent encore à aimer,... à se
» dévouer. Comment se fait-il qu'à moi, si
» faible et si infime... il m'ait toujours été
» donné d'être secourable ou utile à quelqu'un?

» Ainsi... aujourd'hui... j'étais bien tentée
» d'en finir avec la vie... — ni Agricol ni sa
» mère n'avaient plus besoin de moi... Oui...
» mais ces malheureux dont mademoiselle de
» Cardoville m'a fait la Providence?... Mais
» ma bienfaitrice elle-même... quoiqu'elle
» m'ait affectueusement grondée de la téna-
» cité de mes soupçons sur *cet homme*?... Plus
» que jamais je suis effrayée pour elle... Plus
» que jamais... je la sens menacée,... plus que
» jamais j'ai foi à l'utilité de ma présence au-
» près d'elle...

» Il faut donc vivre...

» Vivre pour aller voir demain cette jeune
» fille... qu'Agricol aime éperdument?

» Mon Dieu!... pourquoi ai-je donc tou-
» jours connu la douleur et jamais la haine?..

» Il doit y avoir une amère jouissance dans
» la haine... Tant de gens haïssent!!... Peut-
» être vais-je la haïr... cette jeune fille... An-
» gèle... comme il l'a nommée... en me disant
» naïvement :

» *Un nom charmant... Angèle... n'est-ce pas,*
» *la Mayeux?*

» Rapprocher ce nom, qui rappelle une
» idée pleine de grâce, de ce sobriquet, iro-
» nique symbole de ma difformité!..

» Pauvre Agricol... pauvre frère... Dis! la
» bonté est donc quelquefois aussi impitoya-
» blement aveugle que la méchanceté!..

» Moi, haïr cette jeune fille?... Et pour-
» quoi? M'a-t-elle dérobé la beauté qui séduit
» Agricol? Puis-je lui en vouloir d'être belle?

» Quand je n'étais pas encore faite aux
» conséquences de ma laideur, je me deman-
» dais, avec une amère curiosité, pourquoi le
» Créateur avait doué si inégalement ses créa-
» tures.

» L'habitude de certaines douleurs m'a
» permis de réfléchir avec calme, j'ai fini
» par me persuader... et je crois qu'à la lai-
» deur et à la beauté sont attachées les deux

» plus nobles émotions de l'âme... l'admira-
» tion et la compassion!

» Ceux qui sont comme moi... admirent
» ceux qui sont beaux... comme Angèle,
» comme Agricol... et ceux-là éprouvent à
» leur tour une commisération touchante
« pour ceux qui me ressemblent...

» L'on a quelquefois malgré soi des espé-
» rances bien insensées... De ce que jamais
» Agricol, par un sentiment de convenance,
» ne me parlait de ses *amourettes*, comme il a
» dit... je me persuadais quelquefois qu'il
» n'en avait pas;... qu'il m'aimait;... mais que
» pour lui le ridicule était comme pour moi
» un obstacle à tout aveu. Oui, et j'ai même
» fait des vers sur ce sujet. Ce sont, je crois,
» de tous, les moins mauvais.

» Singulière position que la mienne!... Si
» j'aime... je suis ridicule;.. si l'on m'aime...
» on est plus ridicule encore.

» Comment ai-je pu assez oublier cela...
» pour avoir souffert... pour souffrir comme
» je souffre aujourd'hui? Mais bénie soit cette
» souffrance puisqu'elle n'engendre pas la
» haine,... non... car je ne haïrai pas cette

» jeune fille;... je ferai mon devoir de sœur
» jusqu'à la fin... j'écouterai bien mon cœur;
» j'ai l'instinct de la conservation des autres;
» il me guidera, il m'éclairera...

» Ma seule crainte est de fondre en larmes
» à la vue de cette jeune fille, de ne pouvoir
» vaincre mon émotion. Mais alors, mon
» Dieu! quelle révélation pour Agricol, que
» mes pleurs!! Lui... découvrir le fol amour
» qu'il m'inspire... oh! jamais,.. le jour où il
» le saurait serait le dernier de ma vie... Il y
» aurait alors pour moi quelque chose au-
» dessus du devoir, la volonté d'échapper à la
» honte, à une honte incurable que je sentirais
» toujours brûlante comme un fer chaud...

» Non, non, je serai calme... — D'ailleurs,
» n'ai-je pas tantôt, devant lui, subi coura-
» geusement une terrible épreuve? Je serai
» calme;.. il faut, d'ailleurs, que ma person-
» nalité ne vienne pas obscurcir cette seconde
» vue, si clairvoyante pour ceux que j'aime.

» Oh! pénible... pénible tâche... Car il
» faut aussi que la crainte même de céder in-
» volontairement à un sentiment mauvais, ne
» me rende pas trop indulgente pour cette

» jeune fille. Je pourrais de la sorte compro-
» mettre l'avenir d'Agricol, puisque ma dé-
» cision, dit-il, doit le guider.

» Pauvre créature que je suis... Comme je
» m'abuse! Agricol me demande mon avis,
» parce qu'il croit que je n'aurai pas le triste
» courage de venir contrarier sa passion ; ou
» bien il me dira :.... Il n'importe.... j'aime...
» et je brave l'avenir...

» Mais alors, si mes avis, si l'instinct de
» mon cœur ne doivent pas le guider, si sa
» résolution est prise d'avance, à quoi bon
» demain cette mission si cruelle pour moi?

» A quoi bon? à lui obéir? Ne m'a-t-il pas
» dit : Viens!

» En songeant à mon dévouement pour
» lui, combien de fois, dans le plus secret,
» dans le plus profond abîme de mon cœur,
» je me suis demandé si jamais la pensée lui
» est venue de m'aimer autrement que comme
» une sœur? s'il s'est jamais dit quelle femme
« dévouée il aurait en moi?

» Et pourquoi se serait-il dit cela? tant
» qu'il l'a voulu, tant qu'il le voudra, j'ai été
» et je serai pour lui aussi dévouée que si j'é-

» tais sa femme, sa sœur, sa mère. Pourquoi
» cette pensée lui serait-elle venue? Songe-
» t-on jamais à désirer ce qu'on possède?.....

» Moi mariée à lui... mon Dieu! Ce rêve
» aussi insensé qu'ineffable.... ces pensées
» d'une douceur céleste, qui embrassent tous
» les sentiments depuis l'amour jusqu'à la
» maternité... ces pensées et ces sentiments
» ne me sont-ils pas défendus sous peine
» d'un ridicule ni plus ni moins grand que
» si je portais des vêtements ou des atours
» que ma laideur et ma difformité m'inter-
» disent?

» Je voudrais savoir si, lorsque j'étais plon-
» gée dans la plus cruelle détresse, j'aurais
» plus souffert que je ne souffre aujourd'hui,
» en apprenant le mariage d'Agricol? La faim,
» le froid, la misère m'eussent-ils distraite de
» cette douleur atroce, ou bien cette douleur
» atroce m'eût-elle distraite du froid, de la
» faim et de la misère?

» Non, non, cette ironie est amère; il n'est
» pas bien à moi de parler ainsi. Pourquoi
» cette douleur si profonde? En quoi l'affec-
» tion, l'estime, le respect d'Agricol pour moi

» sont-ils changés? Je me plains... Et que se-
» rait-ce donc, grand Dieu! si, comme cela
» se voit, hélas! trop souvent, j'étais belle, ai-
» mante, dévouée, et qu'il m'eût préféré une
» femme moins belle, moins aimante, moins
» dévouée que moi!... Ne serais-je pas mille
» fois encore plus malheureuse? car je pour-
» rais, car je devrais le blâmer... tandis que
» je ne puis lui en vouloir de n'avoir jamais
» songé à une union impossible à force de
» ridicule...

» Et l'eût-il voulu... est-ce que j'aurais ja-
» mais eu l'égoïsme d'y consentir?...

» J'ai commencé à écrire bien des pages de
» ce journal comme j'ai commencé celles-ci...
» le cœur noyé d'amertume, et presque tou-
» jours à mesure que je disais au papier ce
» que je n'aurais osé dire à personne... mon
» âme se calmait, puis la résignation arrivait...
» la résignation... ma sainte à moi, celle-là
» qui, souriant les yeux pleins de larmes,
» souffre, aime et n'espère jamais!! »

. . . .

Ces mots étaient les derniers du journal.
On voyait à l'abondante trace de larmes,

que l'infortunée avait dû souvent éclater en sanglots...

En effet, brisée par tant d'émotions, la Mayeux, à la fin de la nuit, avait replacé le cahier derrière le carton, le croyant là, non plus en sûreté que partout ailleurs (elle ne pouvait pas soupçonner le moindre abus de confiance), mais moins en vue que dans un des tiroirs de son bureau, qu'elle ouvrait fréquemment à la vue de tous.

Ainsi que la courageuse créature se l'était promis, voulant accomplir dignement sa tâche jusqu'à la fin, le lendemain elle avait attendu Agricol, et bien affermie dans son héroïque résolution, elle s'était rendue avec le forgeron à la fabrique de M. Hardy.

Florine, instruite du départ de la Mayeux, mais retenue une partie de la journée par son service auprès de mademoiselle de Cardoville, et préférant d'ailleurs attendre la nuit pour accomplir les nouveaux ordres qu'elle avait demandés et reçus, depuis qu'elle avait fait connaître par une lettre le contenu du journal de la Mayeux, Florine, certaine de n'être pas surprise, entra, lorsque la nuit fut tout à fait venue, dans la chambre de la jeune ouvrière...

Connaissant l'endroit où elle trouverait le manuscrit, elle alla droit au bureau, déplaça le carton, puis, prenant dans sa poche une lettre cachetée, elle se disposa à la mettre à la place du manuscrit qu'elle devait soustraire.

A ce moment, elle trembla si fort, qu'elle fut obligée de s'appuyer un instant sur la table.

On l'a dit, tout bon sentiment n'était pas éteint dans le cœur de Florine, elle obéissait fatalement aux ordres qu'elle recevait; mais elle ressentait douloureusement tout ce qu'il y avait d'horrible et d'infâme dans sa conduite... S'il ne se fût agi absolument que d'elle, sans doute elle aurait eu le courage de tout braver plutôt que de subir une odieuse domination;... mais il n'en était pas malheureusement ainsi, et sa perte eût causé un désespoir mortel à une personne qu'elle chérissait plus que la vie;... elle se résignait donc... non sans de cruelles angoisses, à d'abominables trahisons.

Quoiqu'elle ignorât presque toujours dans

quel but on la faisait agir, et notamment à propos de la soustraction du journal de la Mayeux, elle pressentait vaguement que la substitution de cette lettre cachetée au manuscrit, devait avoir pour la Mayeux de funestes conséquences, car elle se rappelait ces mots sinistres prononcés la veille par Rodin :

— Il faut en finir demain... avec la Mayeux.

Qu'entendait-il par ces mots? Comment la lettre qu'il lui avait ordonné de mettre à la place du journal concourrait-elle à ce résultat?

Elle l'ignorait, mais elle comprenait que le dévouement si clairvoyant de la Mayeux causait un juste ombrage aux ennemis de mademoiselle de Cardoville, et qu'elle-même, Florine, risquait d'un jour à l'autre de voir ses perfidies découvertes par la jeune ouvrière.

Cette dernière crainte fit cesser les hésitations de Florine; elle posa la lettre derrière le carton, le remit à sa place, et, cachant le manuscrit sous son tablier, elle sortit furtivement de la chambre de la Mayeux.

CHAPITRE XII.

LE JOURNAL DE LA MAYEUX.

Florine, revenue dans sa chambre quelques heures après y avoir caché le manuscrit soustrait dans l'appartement de la Mayeux, cédant à sa curiosité, voulut le parcourir.

Bientôt elle ressentit un intérêt croissant, une émotion involontaire en lisant ces confidences intimes de la jeune ouvrière.

Parmi plusieurs pièces de vers, qui toutes respiraient un amour passionné pour Agricol, amour si profond, si naïf, si sincère, que Florine en fut touchée et oublia la difformité ridicule de la Mayeux; parmi plusieurs pièces de vers, disons-nous, se trouvaient différents fragments, pensées ou récits, relatifs à des faits divers. Nous en citerons quelques-uns, afin de justifier l'impression profonde que cette lecture causait à Florine.

Fragments du journal de la Mayeux.

« .... C'était aujourd'hui ma fête. Jusqu'à
» ce soir, j'ai conservé une folle espérance.

» Hier, j'étais descendue chez madame
» Baudoin pour panser une plaie légère
» qu'elle avait à la jambe. Quand je suis en-
» trée, Agricol était là. Sans doute il parlait
» de moi avec sa mère, car ils se sont tus tout
» à coup en échangeant un sourire d'intelli-
» gence; et puis j'ai aperçu, en passant auprès
» de la commode, une jolie boîte en carton,
» avec une pelote sur le couvercle... Je me
» suis sentie rougir de bonheur... J'ai cru que
» ce petit présent m'était destiné, mais j'ai
» fait semblant de ne rien voir.

» Pendant que j'étais à genoux devant sa
» mère, Agricol est sorti ; j'ai remarqué qu'il
» emportait la jolie boîte. Jamais madame

» Baudoin n'a été plus tendre, plus mater-
» nelle pour moi que ce soir-là. Il m'a semblé
» qu'elle se couchait de meilleure heure que
» d'habitude. — C'est pour me renvoyer plus
» vite, ai-je pensé, — afin que je jouisse plus
» tôt de la surprise qu'Agricol m'a préparée.

» Aussi, comme le cœur me battait en re-
» montant vite, vite à mon cabinet ! Je suis
» restée un moment sans ouvrir la porte pour
» faire durer mon bonheur plus long-temps.

» Enfin... Je suis entrée, les yeux voilés de
» larmes de joie ; j'ai regardé sur ma table, sur
» ma chaise,... sur mon lit, rien ;... la petite
» boîte n'y était pas. Mon cœur s'est serré ;...
» puis je me suis dit : ce sera pour demain,
» car ce n'est aujourd'hui que la veille de ma
» fête.

» La journée s'est passée... Ce soir est venu...
» Rien... La jolie boîte n'était pas pour moi...
» Il y avait une pelote sur son couvercle...
» Cela ne pouvait convenir qu'à une femme...
» A qui Agricol l'a-t-il donnée ?...

» En ce moment je souffre bien...

» L'idée que j'attachais à ce qu'Agricol me
» souhaitât ma fête, est puérile ;... j'ai honte

16.

» de me l'avouer;... mais cela m'eût prouvé
» qu'il n'avait pas oublié que j'avais un autre
» nom que celui de la Mayeux, que l'on me
» donne toujours...

» Ma susceptibilité à ce sujet est si malheu-
» reuse, si opiniâtre, qu'il m'est impossible
» de ne pas ressentir un moment de honte et
» de chagrin toutes les fois qu'on m'appelle
» ainsi : *la Mayeux*... Et pourtant, depuis mon
» enfance,... je n'ai pas eu d'autre nom.

» C'est pour cela que j'aurais été bien heu-
» reuse qu'Agricol profitât de l'occasion de
» ma fête pour m'appeler une seule fois de
» mon modeste nom... *Madeleine.*

. . . .

» Heureusement il ignorera toujours ce
» vœu et ce regret. »

Florine, de plus en plus émue à la lecture
de cette page d'une simplicité si douloureuse,
tourna quelques feuillets et continua :

« ... Je viens d'assister à l'enterrement de
» cette pauvre petite Victoire Herbin, notre
» voisine... Son père, ouvrier-tapissier, est
» allé travailler au mois, loin de Paris... Elle
» est morte à dix-neuf ans, sans parents au-
» tour d'elle :... son agonie n'a pas été dou-
» loureuse; la brave femme qui l'a veillée
» jusqu'au dernier moment nous a dit qu'elle
» n'avait pas prononcé d'autres mots que
» ceux-ci :

» — *Enfin... enfin...*

» Et cela *comme avec contentement*, ajoutait
» la veilleuse.

» Chère enfant! elle était devenue bien ché-
» tive; mais à quinze ans c'était un bouton de
» rose... et si jolie... si fraîche... des cheveux
» blonds, doux comme de la soie; mais elle a
» peu à peu dépéri; son état de cardeuse de
» matelas l'a tuée... Elle a été, pour ainsi dire,
» empoisonnée à la longue par les émanations
» des laines... (1) son métier étant d'autant

(1) On lit les détails suivants dans *la Ruche Populaire*, excellent recueil rédigé par des ouvriers, dont nous avons déjà parlé :

« CARDEUSES DE MATELAS. — La poussière qui s'échappe

» plus malsain et plus dangereux qu'elle tra-
» vaillait pour de pauvres ménages dont la li-
» terie est toujours de rebut.

» Elle avait un courage de lion et une rési-

de la laine fait du cardage un état nuisible à la santé, mais dont le danger est encore augmenté par les falsifications commerciales. Quand un mouton est tué, la laine du cou est teinte de sang; il faut la décolorer, afin de pouvoir la vendre. A cet effet, on la trempe dans de la chaux, qui, après en avoir opéré le blanchiment, y reste en partie ; c'est l'ouvrière qui en souffre : car, lorsqu'elle fait cet ouvrage, la chaux qui se détache sous forme de poussière, se porte à sa poitrine par le fait de l'aspiration, et le plus souvent lui occasionne des crampes d'estomac et des vomissements qui la mettent dans un état déplorable ; la plupart d'entre elles y renoncent ; celles qui s'y obstinent gagnent pour le moins un catarrhe ou un asthme qui ne les quitte qu'à la mort.

» Vient ensuite le crin, dont le plus cher, celui que l'on appelle échantillon, n'est même pas pur. On peut juger par là ce que doit être le commun, que les ouvrières appellent *crin au vitriol*, et qui est composé du rebut des poils de chèvres, de boucs et des soies de sangliers, que l'on passe au vitriol d'abord, puis dans la teinture, pour brûler et déguiser les corps étrangers, tels que la paille, les épines, et même les morceaux de peau, qu'on ne prend pas la peine d'ôter, et qu'on reconnaît encore souvent quand on travaille ce crin, duquel sort une poussière qui fait autant de ravages que celle de la laine à la chaux. »

» gnation d'ange: elle me disait toujours de
» sa petite voix douce, entrecoupée çà et là
» par une toux sèche et fréquente : — Je n'en
» ai pas pour long-temps, va, à aspirer de
» la poudre de vitriol et de chaux toute la
» journée; je vomis le sang et j'ai quelquefois
» des crampes d'estomac qui me font éva-
» nouir.

» — Mais change d'état — lui disais-je.

» — Et le temps de faire un autre appren-
» tissage? — me répondait-elle — et puis
» maintenant il est trop tard, je suis *prise*, je
» le sens bien... *Il n'y a pas de ma faute* —
» ajoutait la bonne créature — car je n'ai pas
» choisi mon état; c'est mon père qui l'a
» voulu; heureusement il n'a pas besoin de
» moi. Et puis quand on est mort... on n'a
» plus à s'inquiéter de rien, et on ne craint
» pas le chômage.

» Victoire disait cette triste vulgarité très-
» sincèrement et avec une sorte de satisfac-
» tion. Aussi elle est morte en disant : *Enfin...*
» *enfin...*

» Cela est bien pénible à penser, pourtant,
» que le travail à qui le pauvre est obligé de

» demander son pain devient souvent un long
» suicide!

» Je disais cela l'autre jour à Agricol; il me
» répondait qu'il y avait bien d'autres métiers
» mortels : les ouvriers dans les *eaux-fortes*,
» dans la *céruse* et dans le *minium* entre au-
» tres, gagnent des maladies prévues et incu-
» rables dont ils meurent.

» — Sais-tu — ajoutait Agricol — sais-tu
» ce qu'ils disent lorsqu'ils partent pour ces
» ateliers meurtriers? — *Nous allons à l'a-*
» *battoir!...*

» Ce mot, d'une épouvantable vérité, m'a
» fait frémir.

» — Et cela se passe de nos jours!... lui
» ai-je dit le cœur navré; et on sait cela? Et
» parmi tant de gens puissants, aucun ne
» songe à cette mortalité qui décime ses frères,
» forcés de manger ainsi un pain homicide?

» — Que veux-tu, ma pauvre Mayeux?—
» me répondait Agricol — tant qu'il s'agit
» d'enrégimenter le peuple pour le faire tuer
» à la guerre, on ne s'en occupe que trop;
» s'agit-il de l'organiser pour le faire vivre...
» personne n'y songe, sauf M. Hardy, mon

» bourgeois. Et on dit : Bah ! — la faim, la
» misère ou la souffrance des travailleurs,
» qu'est-ce que ça fait? Ce n'est pas de la poli-
» tique... *On se trompe* — ajoutait Agricol —
» C'EST PLUS QUE DE LA POLITIQUE !

» . . . . Comme Victoire n'avait pas
» laissé de quoi payer un service à l'église, il
» n'y a eu que la *présentation* du corps sous le
» porche; car il n'y a pas même une simple
» messe des morts pour le pauvre,... et puis,
» comme on n'a pas pu donner 18 francs au
» curé, aucun prêtre n'a accompagné le char
» des pauvres à la fosse commune.

» Si les funérailles, ainsi abrégées, ainsi
» restreintes, ainsi tronquées, suffisent au
» point de vue religieux, pourquoi en ima-
» giner d'autres? Est-ce donc par cupidité?...
» Si elles sont, au contraire, insuffisantes,
» pourquoi rendre l'indigent seul victime de
» cette insuffisance?

» Mais à quoi bon s'inquiéter de ces pom-
» pes, de cet encens, de ces chants, dont on se
» montre plus ou moins prodigue ou avare?...
» à quoi bon? à quoi bon? Ce sont encore là
» des choses vaines et terrestres, et de celles-là

» non plus l'âme n'a de souci lorsque, ra-
» dieuse, elle remonte vers le Créateur.

» Hier, Agricol m'a fait lire un article de
» journal, dans lequel on employait tour à
» tour le blâme violent ou l'ironie amère et
» dédaigneuse pour attaquer ce qu'on appelle
» la *funeste tendance* de quelques gens du
» peuple à s'instruire, à écrire, à lire les poètes,
» et quelquefois à faire des vers.

» Les jouissances matérielles nous sont
» interdites par la pauvreté. Est-il humain
» de nous reprocher de rechercher les jouis-
» sances de l'esprit?

» Quel mal peut-il résulter de ce que cha-
» que soir, après une journée laborieuse,
» sevrée de tout plaisir, de toute distraction,
» je me plaise, à l'insu de tous, à assembler
» quelques vers... ou à écrire sur ce journal
» les impressions bonnes ou mauvaises que
» j'ai ressenties?

» Agricol est-il moins bon ouvrier, parce
» que, de retour chez sa mère, il emploie sa
» journée du dimanche à composer quelques-
» uns de ces chants populaires qui glorifient

» les labeurs nourriciers de l'artisan, qui di-
» sent à tous : Espérance et fraternité ! Ne
» fait-il pas un plus digne usage de son temps,
» que s'il le passait au cabaret ?

» Ah ! ceux-là qui nous blâment de ces in-
» nocentes et nobles diversions à nos pénibles
» travaux et à nos maux, se trompent lors-
» qu'ils croient qu'à mesure que l'intelligence
» s'élève et se raffine, on supporte plus im-
» patiemment les privations et la misère, et
» que l'irritation s'en accroît contre les heu-
» reux du monde !...

» En admettant même que cela soit, et cela
» n'est pas, ne vaudrait-il pas mieux avoir un
» ennemi intelligent, éclairé, à la raison et
» au cœur duquel on puisse s'adresser, qu'un
» ennemi stupide, farouche et implacable ?

» Mais non, au contraire, les inimitiés
» s'effacent à mesure que l'esprit se développe,
» l'horizon de la compassion s'élargit ; l'on
» arrive ainsi à comprendre les douleurs mo-
» rales ; l'on reconnaît alors que souvent aussi
» les riches ont de terribles peines, et c'est
» déjà une communion sympathique que la
» fraternité d'infortune.

» Hélas! eux aussi perdent et pleurent
» amèrement des enfants idolâtrés, des maî-
» tresses chéries, des mères adorables; chez
» eux aussi, parmi les femmes, surtout, il y a,
» au milieu du luxe et de la grandeur, bien
» des cœurs brisés, bien des âmes souffran-
» tes, bien des larmes dévorées en secret....

» Qu'ils ne s'effraient donc pas...

» En s'éclairant... en devenant leur égal
» en intelligence, le peuple apprend à plain-
» dre les riches s'ils sont malheureux et
» bons... et à les plaindre davantage encore
» s'ils sont heureux et méchants.

» .... Quel bonheur!... quel beau jour! Je
» ne me possède pas de joie. Oh! oui, l'homme
» est bon, est humain, est charitable. Oh!
» oui, le Créateur a mis en lui tous les instincts
» généreux... et à moins d'être une exception
» monstrueuse, ce n'est jamais volontairement
» qu'il fait le mal.

» Voilà ce que j'ai vu tout à l'heure, je
» n'attends pas à ce soir pour l'écrire; cela,
» pour ainsi dire, *refroidirait* dans mon cœur.

» J'étais allée porter de l'ouvrage pressé;

» je passais sur la place du temple; à quelques
» pas devant moi, un enfant de douze ans au
» plus, tête et pieds nus, malgré le froid, vêtu
» d'un pantalon et d'un mauvais bourgeron
» en lambeaux, conduisait par la bride un
» grand et gros cheval de charrette, dételé,
» mais portant son harnais;... de temps à
» autre le cheval s'arrêtait court, refusant d'a-
» vancer;... l'enfant n'ayant pas de fouet pour
» le forcer de marcher, le tirait en vain par sa
» bride; le cheval restait immobile... Alors le
» pauvre petit s'écriait : O mon Dieu!... mon
» Dieu! — et pleurait à chaudes larmes... en
» regardant autour de lui pour implorer
» quelques secours des passants.

» Sa chère petite figure était empreinte
» d'une douleur si navrante, que, sans réflé-
» chir, j'entrepris une chose dont je ne puis
» maintenant m'empêcher de sourire, car je
» devais offrir un spectacle bien grotesque.

» J'ai une peur horrible des chevaux, et j'ai
» encore plus peur de me mettre en évidence.
» Il n'importe, je m'armai de courage, j'avais
» un parapluie à la main... je m'approchai
» du cheval, et avec l'impétuosité d'une four-

» mi qui voudrait ébranler une grosse pierre
» avec un brin de paille, je donnai de toute
» ma force un grand coup de parapluie sur
» la croupe du récalcitrant animal.

» — Ah! merci! ma bonne dame — s'é-
» cria l'enfant en essuyant ses larmes — frap-
» pez-le encore une fois, s'il vous plaît; il se
» relèvera peut-être.

» Je redoublai héroïquement; mais, hélas!
» le cheval, soit méchanceté, soit paresse,
» fléchit les genoux, se coucha, se vautra sur
» le pavé; puis, s'embarrassant dans son har-
» nais, il le brisa et rompit son grand collier
» de bois; je m'étais éloignée bien vite dans
» la crainte de recevoir des coups de pieds....
» L'enfant, devant ce nouveau désastre, ne
» put que se jeter à genoux au milieu de la
» rue; puis, joignant les mains en sanglotant,
» il s'écria d'une voix désespérée : — Au se-
» cours!... au secours!...

» Ce cri fut entendu, plusieurs passants
» s'attroupèrent, une correction beaucoup
» plus efficace que la mienne fut administrée
» au cheval rétif qui se releva,... mais dans
» quel état, grand Dieu! sans son harnais!

» Mon maître me battra — s'écria le pau-
» vre enfant en redoublant de sanglots — je
» suis déjà en retard de deux heures, car le
» cheval ne voulait pas marcher, et voilà son
» harnais brisé... Mon maître me battra, me
» chassera. Qu'est-ce que je deviendrai, mon
» Dieu!... je n'ai plus ni père ni mère...

» A ces mots prononcés avec une exclama-
» tion déchirante, une brave marchande du
» Temple qui était parmi les curieux, s'écria
» d'un air attendri :

» — Plus de père, plus de mère!... Ne te
» désole pas, pauvre petit, il y a des ressour-
» ces au Temple, on va raccommoder ton
» harnais, et si mes commères sont comme
» moi, tu ne t'en iras pas pieds nus et tête
» nue par un temps pareil. »

» Cette proposition fut accueillie avec ac-
» clamation; on emmena l'enfant et le cheval;
» les uns s'occupèrent de raccommoder le
» harnais, puis une marchande fournit une
» casquette, l'autre une paire de bas, celle-ci
» les souliers, celle-là une bonne veste; en
» un quart d'heure, l'enfant fut bien chau-
» dement vêtu, le harnais réparé, et un

» grand garçon de dix-huit ans, brandissant
» un fouet qu'il fit claquer aux oreilles du
» cheval en manière d'avertissement, dit à
» l'enfant, qui, regardant tour à tour et ses
» bons vêtements et les marchandes, se croyait
» le héros d'un conte de fées :

» — Où demeure ton maître, mon garçon ?

» — Quai du Canal-Saint-Martin, mon-
» sieur — répondit-il d'une voix émue et
» tremblante de joie.

» — Bon ! — dit le jeune homme — je vais
» t'aider à reconduire ton cheval, qui, avec
» moi, marchera droit, et je dirai à ton maî-
» tre que ton retard vient de sa faute. On ne
» confie pas un cheval rétif à un enfant de
» ton âge.

» Au moment de partir, le pauvre petit
» dit timidement à la marchande en ôtant sa
» casquette :

» — Madame, voulez-vous permettre que
» je vous embrasse ?

» Et ses yeux se remplirent de larmes de
» reconnaissance. Il y avait du cœur chez cet
» enfant.

» Cette scène de charité populaire m'avait

» délicieusement émue; je suivis des yeux
» aussi long-temps que je le pus le grand
» jeune homme et l'enfant qui avait peine à
» suivre cette fois les pas du cheval, subite-
» ment rendu docile par la peur du fouet.

» Eh bien! oui, je le répète avec orgueil,
» la créature est naturellement bonne et se-
» courable : rien n'a été plus spontané que ce
» mouvement de pitié, de tendresse, dans
» cette foule, lorsque ce pauvre petit s'est
» écrié : Que devenir!... je n'ai plus ni père
» ni mère!...

» Malheureux enfant!... c'est vrai, ni père
» ni mère,... me disais-je... Livré à un maî-
» tre brutal qui le couvre à peine de quel-
» ques guenilles et le maltraite;... couchant
» sans doute dans le coin d'une écurie... pau-
» vre petit! il est encore doux et bon, malgré
» la misère et le malheur... Je l'ai bien vu, il
» était plus reconnaissant que joyeux du bien
» qu'on lui faisait... Mais peut-être cette bonne
» nature, abandonnée, sans appui, sans con-
» seil, sans secours, exaspérée par les mau-
» vais traitements, se faussera, s'aigrira...

» Puis viendra l'âge des passions,... puis les
» excitations mauvaises...

» Ah!... chez le pauvre deshérité, la vertu
» est doublement sainte et respectable.

———

» ... Ce matin, après m'avoir, comme tou-
» jours, doucement grondée de ce que je
» n'allais pas à la messe, la mère d'Agricol
» m'a dit ce mot si touchant dans sa bouche
» ingénument croyante : — Heureusement,
» je prie plus pour toi que pour moi, ma
» pauvre Mayeux; le bon Dieu m'entendra,
» *et tu n'iras, je l'espère, qu'en purgatoire...*

» Bonne mère... âme angélique, elle m'a
» dit ces paroles avec une douceur si grave
» et si pénétrée, avec une foi si sérieuse dans
» l'heureux résultat de sa pieuse intercession,
» que j'ai senti mes yeux devenir humides et
» je me suis jetée à son cou, aussi sérieuse-
» ment, aussi sincèrement reconnaissante,
» que si j'avais cru au purgatoire.

» ... Ce jour a été heureux pour moi; j'au-

» rai, je l'espère, trouvé du travail, et je de-
» vrai ce bonheur à une jeune personne rem-
» plie de cœur et de bonté; elle doit me con-
» duire demain au couvent de Sainte-Marie,
» où elle croit que l'on pourra m'employer...»

Florine, déjà profondément émue par la lecture de ce journal, tressaillit à ce passage où la Mayeux parlait d'elle, et continua :

« Jamais je n'oublierai avec quel touchant
» intérêt, avec quelle délicate bienveillance
» cette belle jeune fille m'a accueillie, moi, si
» pauvre et si malheureuse. Cela ne m'étonne
» pas, d'ailleurs; elle était auprès de made-
» moiselle de Cardoville. Elle devait être di-
» gne d'approcher de la bienfaitrice d'Agri-
» col. Il me sera toujours cher et précieux de
» me rappeler son nom; il est gracieux et joli
» comme son visage; elle se nomme Florine...
» Je ne suis rien, je ne possède rien, mais si
» les vœux fervents d'un cœur pénétré de re-
» connaissance pouvaient être entendus, ma-
» demoiselle Florine serait heureuse, bien
» heureuse.

» Hélas! je suis réduite à faire des vœux

» pour elle... seulement des vœux,... car je ne
» puis rien... que me souvenir et l'aimer. »

Ces lignes, qui disaient si simplement la gratitude sincère de la Mayeux, portèrent le dernier coup aux hésitations de Florine; elle ne put résister plus long-temps à la généreuse tentation qu'elle éprouvait.

À mesure qu'elle avait lu les divers fragments de ce journal, son affection, son respect pour la Mayeux avaient fait de nouveaux progrès; plus que jamais elle sentait tout ce qu'il y avait d'infâme à elle de livrer peut-être aux sarcasmes et aux dédains les plus secrètes pensées de cette infortunée.

Heureusement, le bien est souvent aussi contagieux que le mal. Electrisée par tout ce qu'il y avait de chaleureux, de noble et d'élevé dans les pages qu'elle venait de lire, ayant retrempé sa vertu défaillante à cette source vivifiante et pure, Florine, cédant enfin à un de ces bons mouvements qui l'entraînaient parfois, sortit de chez elle, emportant le manuscrit, bien déterminée, si la Mayeux n'était pas de retour, à le remettre où elle l'avait pris, bien résolue aussi de dire à Rodin que, cette seconde fois, ses recherches au sujet du journal, avaient été vaines, la Mayeux s'étant sans doute aperçue de la première tentative de soustraction.

CHAPITRE XIII.

LA DÉCOUVERTE.

Peu de temps avant que Florine se fût décidée à réparer son indigne abus de confiance, la Mayeux était revenue de la fabrique après avoir accompli jusqu'au bout un douloureux devoir. A la suite d'un long entretien avec Angèle, frappée comme Agricol de la grâce ingénue, de la sagesse et de la bonté dont semblait douée cette jeune fille, la Mayeux avait eu la courageuse franchise d'engager le forgeron à ce mariage.

La scène suivante se passait donc, alors que Florine, achevant de parcourir le journal de la jeune ouvrière, n'avait pas encore pris la louable résolution de le rapporter.

Il était dix heures du soir. La Mayeux, de retour à l'hôtel de Cardoville, venait d'entrer dans sa chambre; et, brisée par tant d'émotions, elle s'était jetée dans un fauteuil.

Le plus profond silence régnait dans la maison; il n'était interrompu çà et là que par le bruit d'un vent violent qui au dehors agitait les arbres du jardin. Une seule bougie éclairait la chambre, tendue d'une étoffe d'un vert sombre. Ces teintes obscures et les vêtements noirs de la Mayeux faisaient paraître sa pâleur plus grande encore.

Assise sur un fauteuil au coin du feu, la tête baissée sur sa poitrine, ses mains croisées sur ses genoux, la jeune fille était mélancolique et résignée : on lisait sur sa physionomie l'austère satisfaction que laisse après soi la conscience du devoir accompli.

Ainsi que tous ceux qui, élevés à l'impitoyable école du malheur, n'apportent plus d'exagération dans le sentiment de leur chagrin, hôte trop familier, trop assidu, pour qu'on le traite avec *luxe*, la Mayeux était incapable de se livrer long-temps à des regrets vains et désespérés à propos d'un fait accompli. Sans doute, le coup avait été soudain, affreux; sans doute, il devait laisser un douloureux et long retentissement dans l'âme de la Mayeux, mais il devait bientôt passer, si cela se peut dire, à l'état de ses souffrances *chroniques*, devenues presque partie intégrante de sa vie.

Et puis la noble créature, si indulgente envers le sort, trouvait encore des consolations à sa peine amère; aussi elle s'était sentie vivement touchée des témoignages d'affection que lui avait donnés Angèle, la fiancée d'Agricol, et elle avait éprouvé une sorte d'orgueil de cœur en voyant avec quelle aveugle confiance, avec quelle joie ineffable le forgeron accueillait les heureux pressentiments qui semblaient consacrer son bonheur.

La Mayeux se disait encore :

— « Au moins, je ne serai plus agitée mal-
» gré moi, non par des espérances, mais par
» des suppositions aussi ridicules qu'insen-
» sées. Le mariage d'Agricol met un terme

» à toutes les misérables rêveries de ma pau-
» vre tête. »

Et puis enfin la Mayeux trouvait surtout une consolation réelle, profonde, dans la certitude où elle était d'avoir pu résister à cette terrible épreuve, et cacher à Agricol l'amour qu'elle ressentait pour lui, car l'on sait combien étaient redoutables, effrayantes, pour l'infortunée, les idées de ridicule et de honte qu'elle croyait attachées à la découverte de sa folle passion.

Après être restée quelque temps absorbée, la Mayeux se leva et se dirigea lentement vers son bureau.

— Ma seule récompense — dit-elle en apprêtant ce qui lui était nécessaire pour écrire — sera de confier au triste et muet témoin de mes peines cette nouvelle douleur ; j'aurai du moins tenu la promesse que je m'étais faite à moi-même ; croyant, au fond de mon âme, cette jeune fille capable d'assurer la félicité d'Agricol,... je le lui ai dit, à lui, avec sincérité... Un jour, dans bien long-temps, lorsque je relirai ces pages, j'y trouverai peut-être une compensation à ce que je souffre maintenant.

Ce disant, la Mayeux retira le carton du casier.

N'y trouvant pas son manuscrit, elle jeta d'abord un cri de surprise.

Mais quel fut son effroi lorsqu'elle aperçut une lettre à son adresse remplaçant son journal!

La jeune fille devint d'une pâleur mortelle; ses genoux tremblèrent; elle faillit s'évanouir; mais sa terreur croissante lui donnant une énergie factice, elle eut la force de rompre le cachet de cette lettre.

Un billet de 500 francs, qu'elle contenait, tomba sur la table, et la Mayeux lut ce qui suit :

« Mademoiselle,

» C'est quelque chose de si original et de si
» joli à lire dans vos mémoires, que l'histoire
» de votre amour pour Agricol, que l'on ne
» peut résister au plaisir de lui faire con-
» naître cette grande passion dont il ne se

» doute guère et à laquelle il ne peut man-
» quer de se montrer sensible.

» On profitera de cette occasion pour pro-
» curer à une foule d'autres personnes qui en
» auraient été malheureusement privées, l'a-
» musante lecture de votre journal. Si les co-
» pies et les extraits ne suffisent pas, on le
» fera imprimer ; on ne saurait trop répandre
» les belles choses : les uns pleureront, les
» autres riront ; ce qui paraîtra superbe à
» ceux-ci fera éclater de rire ceux-là ; ainsi va
» le monde ; mais ce qu'il y a de certain, c'est
» que votre journal fera du bruit, on vous le
» garantit.

» Comme vous êtes capable de vouloir
» vous soustraire à votre triomphe, et que
» vous n'aviez que des guenilles sur vous lors-
» que vous êtes entrée, par charité, dans cette
» maison où vous voulez dominer et faire *la*
» *dame*, ce qui ne va pas à votre *taille* pour
» plus d'une raison, on vous fait tenir 500 fr.
» par la présente lettre, pour vous payer
» votre papier, et afin que vous ne soyez pas
» sans ressources dans le cas où vous seriez
» assez modeste pour craindre les félicitations

» qui, dès demain, vous accableront, car, à
» l'heure qu'il est, votre journal est déjà en
» circulation.

» Un de vos confrères,

» *Un vrai* MAYEUX. »

Le ton grossièrement railleur et insolent de cette lettre, qui, à dessein, semblait écrite par un laquais jaloux de la venue de la malheureuse créature dans la maison, avait été calculé avec une infernale habileté, et devait immanquablement produire l'effet que l'on en espérait.

— Oh! mon Dieu!...

Telles furent les seules paroles que put prononcer la jeune fille dans sa stupeur et dans son épouvante.

Maintenant, si l'on se rappelle en quels termes passionnés était exprimé l'amour de cette infortunée pour son frère adoptif, si l'on a remarqué plusieurs passages de ce manuscrit, où elle révélait les douloureuses blessures qu'Agricol lui avait souvent faites sans le savoir, si l'on se rappelle enfin quelle était sa terreur du ridicule, on comprendra son désespoir insensé, après la lecture de cette lettre infâme.

La Mayeux ne songea pas un moment à toutes les nobles paroles, à tous les récits touchants que renfermait son journal; la seule et horrible idée qui foudroya l'esprit égaré de cette malheureuse, fut que, le lendemain, Agricol, mademoiselle de Cardoville, et une foule insolente et railleuse, auraient connaissance et seraient instruits de cet amour d'un ridicule atroce, qui devait, croyait-elle, l'écraser de confusion et de honte.

Ce nouveau coup fut si étourdissant, que la Mayeux plia un moment sous ce choc imprévu.

Durant quelques minutes, elle resta complétement inerte, anéantie; puis avec la réflexion, lui vint tout à coup la conscience d'une nécessité terrible...

Cette maison si hospitalière, où elle avait trouvé un refuge assuré après tant de malheurs, il lui fallait la quitter à tout jamais.

La timidité craintive, l'ombrageuse délicatesse de la pauvre créature, ne lui permettaient pas de rester une minute de plus dans cette demeure, où les plus secrets replis de son âme venaient d'être ainsi surpris, profanés et livrés sans doute aux sarcasmes et aux mépris.

Elle ne songea pas à demander justice et vengeance à mademoiselle de Cardoville : apporter un ferment de trouble et d'irritation dans cette maison au moment de l'abandonner, lui eût semblé de l'ingratitude envers sa bienfaitrice. Elle ne chercha pas à deviner quel pouvait être l'auteur, ou le motif d'une si odieuse soustraction et d'une lettre si insultante. A quoi bon,... décidée qu'elle était à fuir les humiliations dont on la menaçait !

Il lui parut vaguement (ainsi qu'on l'avait espéré) que cette indignité devait être l'œuvre de quelque subalterne jaloux de l'affectueuse déférence que lui témoignait mademoiselle de Cardoville;... ainsi pensait la Mayeux avec un désespoir affreux. Ces pages, si douloureusement intimes, qu'elle n'eût pas osé confier à la mère la plus tendre, la plus indulgente, parce que, écrites, pour ainsi dire, avec le sang de ses blessures, elles reflétaient avec une fidélité trop cruelle les mille plaies secrètes de son âme endolorie,... ces pages allaient servir... servaient peut-être, à l'heure même, de jouet et de risée aux valets de l'hôtel.

. . . .

L'argent qui accompagnait cette lettre et la façon insultante dont il lui était offert confirmaient encore ses soupçons. On voulait que la peur de la misère ne fût pas un obstacle à sa sortie de la maison.

Le parti de la Mayeux fut pris avec cette résignation calme et décidée qui lui était familière...

Elle se leva, ses yeux, brillants et un peu hagards, ne versaient pas une larme; depuis la veille elle avait trop pleuré; d'une main tremblante et glacée elle écrivit ces mots sur un papier qu'elle laissa à côté du billet de 500 fr.

« *Que mademoiselle de Cardoville soit bénie*
» *du bien qu'elle m'a fait, et qu'elle me pardonne*

» *d'avoir quitté sa maison, où je ne puis rester*
» *désormais.* »

Ceci écrit, la Mayeux jeta au feu la lettre infâme qui semblait lui brûler les mains... Puis, donnant un dernier regard à cette chambre, meublée presque avec luxe, elle frémit involontairement en songeant à la misère qui l'attendait de nouveau, misère plus affreuse encore que celle dont jusqu'alors elle avait été victime, car la mère d'Agricol était partie avec Gabriel, et la malheureuse enfant ne devait même plus, comme autrefois, être consolée dans sa détresse par l'affection presque maternelle de la femme de Dagobert.

Vivre seule... absolument seule... avec la pensée que sa fatale passion pour Agricol était moquée par tous et peut-être aussi par lui... Tel était l'avenir de la Mayeux.

Cet avenir... cet abîme l'épouvanta;... une pensée sinistre lui vint à l'esprit;... elle tressaillit, et l'expression d'une joie amère contracta ses traits.

Résolue à partir, elle fit quelques pas pour gagner la porte, et en passant devant la cheminée, elle se vit involontairement dans la glace, pâle comme une morte et vêtue de noir;... alors elle songea qu'elle portait un habillement qui ne lui appartenait pas,... et se souvint du passage de la lettre où on lui reprochait les guenilles qu'elle portait avant d'entrer dans cette maison.

— C'est juste! — dit-elle avec un sourire déchirant, en regardant sa robe noire — ils m'appelleraient voleuse...

Et la jeune fille, prenant son bougeoir, entra dans le cabinet de toilette, et là reprit les pauvres vieux vêtements qu'elle avait voulu conserver comme une sorte de pieux souvenir de son infortune.

A cet instant seulement les larmes de la Mayeux coulèrent avec abondance... Elle pleurait, non de désespoir de vêtir de nouveau la livrée de la misère; mais elle pleurait de reconnaissance, car cet entourage de bien-être auquel elle disait un éternel adieu lui rappelait à chaque pas les délicatesses et les bontés de mademoiselle de Cardoville; aussi, cédant à un mouvement presque involontaire, après avoir repris ses pauvres vieux habits, elle tomba à genoux au milieu de la chambre, et s'adressant par la pensée à mademoiselle de Cardoville, elle s'écria d'une voix entrecoupée par des sanglots convulsifs :

— Adieu... et pour toujours adieu !.. vous qui m'appeliez votre amie... votre sœur...

Tout à coup la Mayeux se releva avec terreur; elle avait entendu marcher doucement dans le corridor qui conduisait du jardin à l'une des portes de son appartement, l'autre porte s'ouvrant sur le salon.

C'était Florine, qui, trop tard, hélas! rapportait le manuscrit.

Éperdue, épouvantée du bruit de ces pas, se voyant déjà le jouet de la maison, la Mayeux, quittant sa chambre, se précipita dans le salon, le traversa en courant, ainsi que l'antichambre, gagna la cour, frappa aux carreaux du portier. La porte s'ouvrit et se referma sur elle.

Et la Mayeux avait quitté l'hôtel de Cardoville.

. . . .

Adrienne était ainsi privée d'un gardien dévoué, fidèle et vigilant.

Rodin s'était débarrassé d'une antagoniste active et pénétrante, qu'il avait toujours et avec raison redoutée.

Ayant, on l'a vu, deviné l'amour de la Mayeux pour Agricol, la sachant poète, le jésuite supposa logiquement qu'elle devait avoir écrit secrètement quelques vers empreints de cette passion fatale et cachée. De là l'ordre donné à Florine de tâcher de découvrir quelques preuves écrites de cet amour; de là cette lettre si horriblement bien calculée dans sa grossièreté, et dont, il faut le dire, Florine ignorait la substance, l'ayant reçue après avoir sommairement fait connaître le contenu du manuscrit, qu'elle s'était une première fois contentée de parcourir sans le soustraire.

. . . .

Nous l'avons dit, Florine, cédant trop tard à un généreux repentir, était arrivée chez la Mayeux au moment où celle-ci, épouvantée, quittait l'hôtel.

La camériste, apercevant une lumière dans le cabinet de toilette, y courut; elle vit sur une chaise l'habillement noir que la Mayeux venait de quitter, et, à quelques pas, ouverte et vide, la mauvaise petite malle où elle avait jusqu'alors conservé ses pauvres vêtements.

Le cœur de Florine se brisa; elle courut au bureau : le désordre des cartons, le billet de 500 fr. laissé à côté des deux lignes écrites à mademoiselle de Cardoville, tout lui prouva que son obéissance aux ordres de Rodin avait porté de funestes fruits, et que la Mayeux avait quitté la maison pour toujours.

Florine, reconnaissant l'inutilité de sa tardive résolution, se résigna en soupirant, à faire parvenir le manuscrit à Rodin; puis forcée, par la fatalité de sa misérable position, à se consoler du mal par le mal même, elle se dit que du moins sa trahison deviendrait moins dangereuse par le départ de la Mayeux.

. . . .

Le surlendemain de ces événements, Adrienne reçut ce billet de Rodin en réponse à une lettre qu'elle lui avait écrite pour lui apprendre le départ inexplicable de la Mayeux.

« Ma chère demoiselle,

» Obligé de partir ce matin même pour
» la fabrique de l'excellent M. Hardy, où
» m'appelle une affaire fort grave, il m'est
» impossible d'aller vous présenter mes très-
» humbles devoirs. Vous me demandez :
» Que penser de la disparition de cette pauvre
» fille ? Je n'en sais en vérité rien... L'avenir
» expliquera tout à son avantage,... je n'en
» doute pas... Seulement, souvenez-vous de
» ce que je vous ai dit chez le docteur Ba-
» leinier au sujet de *certaine société* et des
» secrets émissaires dont elle sait entourer si
» perfidement les personnes qu'elle a intérêt
» à faire épier.

» Je n'inculpe personne, mais rappelons
» simplement des faits. Cette pauvre fille m'a
» accusé,.. et je suis, vous le savez, le plus
» fidèle de vos serviteurs...

» Elle ne possédait rien,... et l'on a trouvé
» 500 francs dans son bureau.

» Vous l'avez comblée..: et elle abandonne

» votre maison sans oser expliquer la cause
» de sa fuite inqualifiable.

» Je ne conclus pas, ma chère demoiselle...
» il me répugne toujours à moi d'accuser sans
» preuves;... mais réfléchissez et tenez-vous
» bien sur vos gardes, vous venez peut-être
» d'échapper à un grand danger. Redoublez
» de circonspection et de défiance, c'est du
» moins le respectueux avis de votre très-
» humble et très-obéissant serviteur

» RODIN. »

CHAPITRE XIV.

LE RENDEZ-VOUS DES LOUPS.

C'était un dimanche matin.

Le jour même où mademoiselle de Cardoville avait reçu la lettre de Rodin, lettre relative à la disparition de la Mayeux.

Deux hommes causaient attablés dans l'un des cabarets du petit village de Villiers, situé à peu de distance de la fabrique de M. Hardy.

Ce village était généralement habité par des ouvriers carriers et par des tailleurs de pierre employés à l'exploitation des carrières environnantes. Rien de plus rude, de plus pénible et de moins rétribué que les travaux de ces artisans; aussi, Agricol l'avait dit à la Mayeux, établissaient-ils une comparaison pénible pour eux entre leur sort toujours misérable, et le bien-être, l'aisance presque incroyables dont jouissaient les ouvriers de M. Hardy, grâce à sa généreuse et intelligente direction, ainsi qu'aux principes d'association et de communauté qu'il avait mis en pratique parmi eux.

Le malheur et l'ignorance causent toujours de grands maux. Le malheur s'aigrit facilement et l'ignorance cède parfois aux conseils perfides. Pendant long-temps le bonheur des ouvriers de M. Hardy avait été naturellement envié, mais non jalousé avec haine. Dès que les ténébreux ennemis du fabricant, ralliés à M. Tripeaud, son concurrent, eurent intérêt à ce que ce paisible état de choses changeât, il changea.

Avec une adresse et une persistance diaboliques on parvint à allumer les plus mauvaises passions ; on s'adressa par des émissaires choisis à quelques ouvriers carriers ou tailleurs de pierre du voisinage dont l'inconduite avait encore aggravé la misère. Notoirement connus pour leur turbulence, audacieux et énergiques, ces hommes pouvaient exercer une dangereuse influence sur la majorité de leurs compagnons paisibles, laborieux, honnêtes, mais faciles à intimider par la violence. A ces turbulents meneurs, déjà aigris par l'infortune, on exagéra encore le bonheur des ouvriers de M. Hardy et l'on parvint ainsi à exciter en eux une jalousie haineuse. On alla plus loin : les prédications incendiaires d'un abbé membre de la congrégation, venu exprès de Paris pour prêcher pendant le carême contre M. Hardy, agirent puissamment sur les femmes de ces ouvriers, qui, pendant que leurs maris hantaient le cabaret, se pressaient au sermon. Profitant de la peur croissante que l'approche du choléra inspirait alors, on frappa de terreur ces imaginations faibles et crédules en leur montrant la fabrique de M. Hardy comme un foyer de corruption, de damnation, capable d'attirer la vengeance du ciel et conséquemment le fléau vengeur sur le canton. Les hommes, déjà profondément irrités par l'envie, furent encore incessamment excités par leurs femmes qui, exaltées par le prêche de l'abbé, maudissaient ce ramassis d'athées qui pouvaient attirer tant de malheurs sur le pays.

Quelques mauvais sujets appartenant aux ateliers du baron Tripeaud et soudoyés par lui (nous avons dit quel intérêt cet *honorable* industriel avait à la ruine de M. Hardy), vinrent augmenter l'irritation générale et combler la mesure en soulevant une de ces terribles questions de *compagnonnage* qui, de nos jours, font malheureusement encore couler quelquefois tant de sang!

Un assez grand nombre d'ouvriers de M. Hardy, avant d'entrer chez lui, étaient membres d'une société de compagnonnage dite des *Dévorants*, tandis que plusieurs tailleurs de pierre et carriers des environs appartenaient à la société dite des *Loups*: or, de tout temps des rivalités souvent implacables ont existé entre les *Loups* et les *Dévorants* et amené des luttes meurtrières, d'autant plus à déplorer que sous beaucoup de points l'institution du compagnonnage est excellente, en cela qu'elle est basée sur le principe si fécond, si puissant, de l'association. Malheureusement, au lieu d'embrasser tous les corps d'état dans une seule communion fraternelle, le compagnonnage se fractionne en sociétés collectives et distinctes dont les rivalités soulèvent parfois de sanglantes collisions (1).

(1) Disons-le à la louange des ouvriers, ces scènes cruelles deviennent d'autant plus rares qu'ils s'éclairent davantage et qu'ils ont plus conscience de leur dignité. Il faut aussi attribuer ces tendances meilleures à la juste influence d'un excellent livre sur le compagnonnage, publié par M. Agricol Perdiguier, dit Avignonnais-la-Vertu, compagnon menuisier (Paris, Pagnerre, 1841, deux vol. in-18). Dans cet ouvrage, rempli d'érudition et de détails curieux sur les différentes sociétés du compagnonnage, M. Agricol Perdiguier s'élève avec l'indignation de l'honnête homme contre ces scènes de violence capables de nuire à ce qu'il y a d'utile et de pratique dans le compagnonnage. — Ce livre, écrit avec une droiture, avec une raison, avec une modération remarquable, est non-seulement un bon livre, mais une noble et courageuse action ; car M. Agricol Perdiguier a eu à lutter long-temps, à lutter vaillamment pour ramener ses frères à des idées sages et pacifiques. — Disons enfin que M. Perdiguier a fondé, à l'aide de ses seules ressources, au faubourg Saint-Antoine, un modeste établissement de la plus grande utilité pour la classe ouvrière. — Il loge dans sa maison, modèle d'ordre et de probité, environ quarante ou cinquante compagnons menuisiers, auxquels il professe chaque soir, après le travail de la journée, un cours de géométrie et d'architecture linéaire, appliqué à la coupe du bois. Nous avons assisté à l'un de ces cours, et il est impossible de professer avec plus de clarté, et, il faut le dire, d'être compris avec plus d'intelligence. A dix heures du soir, après quelque lecture faite en commun, tous les hôtes de M. Perdiguier rega-

Depuis huit jours, les *Loups*, surexcités par tant d'obsessions diverses, brûlaient donc de trouver une occasion et un prétexte pour en venir aux mains avec les *Dévorants* ; mais ceux-ci ne fréquentant pas les cabarets et ne sortant presque jamais de la fabrique pendant la semaine, avaient rendu jusqu'alors cette rencontre impossible, et les *Loups* s'étaient vus forcés d'attendre le dimanche avec une farouche impatience.

Du reste, un grand nombre de carriers et de tailleurs de pierre, gens paisibles et bons travailleurs, ayant refusé, quoique *Loups* eux-mêmes, de s'associer à cette manifestation hostile contre les *Dévorants* de la fabrique de

guent leur humble réduit (ils sont forcés par le bas prix des salaires de coucher généralement quatre dans la même petite chambre). M. Perdiguier nous disait que l'étude et l'instruction sont de si puissants moyens de moralisation, que depuis six ans il n'a eu à renvoyer qu'*un seul* de ses locataires. — *Au bout de deux ou trois jours* — nous disait-il — *les mauvais sujets sentent que leur place n'est pas ici, et ils s'en vont d'eux-mêmes.* Nous sommes heureux de pouvoir *rendre ici cet hommage public à un homme rempli de savoir, de droiture et du plus noble dévouement à la classe ouvrière.*

M. Hardy, les meneurs avaient été obligés de se recruter de plusieurs vagabonds et fainéants des barrières, que l'appât du tumulte et du désordre avait facilement enrôlés sous le drapeau des *Loups* guerroyeurs.

Telle était donc la sourde fermentation qui agitait le petit village de Villiers pendant que les deux hommes dont nous avons parlé étaient attablés dans un cabaret.

Ces hommes avaient demandé un cabinet pour être seuls.

L'un d'eux était jeune encore et assez bien vêtu; mais son débraillé, sa cravate lâche, à demi dénouée, sa chemise tachée de vin, sa chevelure en désordre, ses traits fatigués, son teint marbré, ses yeux rougis, annonçaient qu'une nuit d'orgie avait précédé cette matinée, tandis que son geste brusque et lourd, sa voix éraillée, son regard parfois éclatant ou stupide prouvaient qu'aux dernières fumées de l'ivresse de la veille se joignaient déjà les premières atteintes d'une ivresse nouvelle.

Le compagnon de cet homme lui dit en choquant son verre contre le sien :

— A votre santé, mon garçon!

— A la vôtre! — répondit le jeune homme — quoique vous me fassiez l'effet d'être le diable...

— Moi! le diable?

— Oui.

— Et pourquoi?

— D'où me connaissez-vous?

— Vous repentez-vous de m'avoir connu?

— Qui vous a dit que j'étais prisonnier à Sainte-Pélagie?

— Vous ai-je tiré de prison?

— Pourquoi m'en avez vous tiré?

— Parce que j'ai bon cœur.

— Vous m'aimez peut-être... comme le boucher aime le bœuf qu'il mène à l'abattoir.

— Vous êtes fou?

— On ne paye pas 10,000 francs pour quelqu'un sans motif.

— J'ai un motif.

— Lequel? Que voulez-vous faire de moi?

— Un joyeux compagnon qui dépense rondement de l'argent sans rien faire, et qui passe toutes les nuits comme la dernière. Bon vin, bonne chère, jolies filles et gaies chansons... Est-ce un si mauvais métier?

Après être resté un moment sans répondre, le jeune homme reprit d'un air sombre :

— Pourquoi la veille de ma sortie de prison avez-vous mis pour condition à ma liberté, que j'écrirais à ma maîtresse que je ne voulais plus jamais la voir? pourquoi avez-vous exigé que cette lettre vous fût donnée à vous?

— Un soupir!... vous y pensez encore?

— Toujours...

— Vous avez tort... votre maîtresse est loin de Paris à cette heure... je l'ai vue monter en diligence avant de revenir vous tirer de Sainte-Pélagie.

— Oui... j'étouffais dans cette prison, j'aurais, pour sortir, donné mon âme au diable; vous vous en serez douté et vous êtes venu... Seulement, au lieu de mon âme vous m'avez pris Céphyse... Pauvre reine Bacchanal! Et pourquoi? Mille tonnerres! me le direz-vous enfin?

— Un homme qui a une maîtresse qui le tient au cœur comme vous tient la vôtre, n'est plus un homme;... dans l'occasion il manque d'énergie.

— Dans quelle occasion?

— Buvons...

— Vous me faites boire trop d'eau-de-vie.

— Bah!.. tenez! voyez, moi.

— C'est ça qui m'effraie... et me paraît diabolique... Une bouteille d'eau-de-vie ne vous fait pas sourciller. Vous avez donc une poitrine de fer et une tête de marbre.

— J'ai long-temps voyagé en Russie; là on boit pour se réchauffer...

— Ici pour s'échauffer... Allons... buvons... Mais du vin.

— Allons donc! le vin est bon pour les enfants, l'eau-de-vie pour les hommes comme nous...

— Va pour l'eau-de-vie... ça brûle;.. mais la tête flambe... et l'on voit alors toutes les flammes de l'enfer!

— C'est ainsi que je vous aime, mordieu!

— Tout à l'heure... en me disant que j'étais trop épris de ma maîtresse, et que dans l'occasion j'aurais manqué d'énergie, de quelle occasion vouliez-vous parler?

— Buvons...

— Un instant... Voyez-vous, mon camarade, je ne suis pas plus bête qu'un autre. A vos demi-mots, j'ai deviné une chose.

— Voyons.

— Vous savez que j'ai été ouvrier, que je connais beaucoup de camarades, que je suis bon garçon, qu'on m'aime assez, et vous voulez-vous servir de moi comme d'un appeau pour en amorcer d'autres.

— Ensuite?

— Vous devez être quelque courtier d'émeute... quelque commissionnaire en révolte.

— Après?

— Et vous voyagez pour une société anonyme qui travaille dans les coups de fusil?

— Est-ce que vous êtes poltron?

— Moi?... j'ai brûlé de la poudre en juillet... et ferme!

— Vous en brûleriez bien encore?

— Autant ce feu d'artifice-là qu'un autre... Par exemple, c'est plus pour l'agréable que pour l'utile... les révolutions; car tout ce que j'ai retiré des barricades des trois jours, ç'a été de brûler ma culotte et de perdre ma veste... Voilà ce que le peuple a gagné dans ma personne. Ah çà! voyons, *en avant, marchons!!* de quoi retourne-t-il?

— Vous connaissez plusieurs des ouvriers de M. Hardy?

— Ah! c'est pour ça que vous m'avez amené ici?

— Oui... vous allez vous trouver avec plusieurs ouvriers de sa fabrique.

— Des camarades de chez M. Hardy, qui mordent à l'émeute? ils sont trop heureux pour ça... Vous vous trompez.

— Vous les verrez tout à l'heure.

— Eux, si heureux!... Qu'est-ce qu'ils ont à réclamer?

— Et leurs frères? et ceux qui, n'ayant pas un bon maître, meurent de faim et de misère, et les appellent pour se joindre à eux? Est-ce que vous croyez qu'ils resteront sourds à leur appel? M. Hardy, c'est l'exception. Que le peuple donne un bon coup de collier, l'exception devient la règle, et tout le monde est content.

— Il y a du vrai dans ce que vous dites là; seulement il faudra que le coup de collier soit drôle, pour qu'il rende jamais bon et honnête mon gredin de bourgeois, le baron Tripeaud, qui m'a fait ce que je suis... Un bambocheur fini...

— Les ouvriers de M. Hardy vont venir; vous êtes leur camarade, vous n'avez aucun intérêt à les tromper; ils vous croiront... Joignez-vous à moi... pour les décider...

— A quoi?

— A quitter cette fabrique où ils s'amollissent, où ils s'énervent dans l'égoïsme sans songer à leurs frères.

— Mais s'ils quittent la fabrique, comment vivront-ils?

— On y pourvoira... jusqu'au grand jour.

— Et jusque-là, que faire?

— Ce que vous avez fait cette nuit. Boire, rire et chanter, et après, pour tout travail, s'habituer dans la chambre au maniement des armes.

— Et qui fait venir ces ouvriers ici?

— Quelqu'un leur a déjà parlé; on leur a fait parvenir des imprimés où on leur reprochait leur indifférence pour leurs frères... Voyons, m'appuierez-vous?

— Je vous appuierai;... d'autant plus que je commence à me... soutenir difficilement moi-même... Je ne tenais au monde qu'à Céphyse; je sens que je suis sur une mauvaise pente... vous me poussez encore... Roule ta bosse!... Aller au diable d'une façon ou d'une autre, ça m'est égal... Buvons...

— Buvons à l'orgie de la nuit prochaine;.. la dernière n'était qu'une orgie de novice.

— En quoi donc êtes-vous fait, vous? Je vous regardais; pas un instant je ne vous ai vu rougir ou sourire... ou vous émouvoir;... vous étiez là, planté comme un homme de fer.

— Je n'ai plus quinze ans; il faut autre chose pour me faire rire;... mais, cette nuit... je rirai.

— Je ne sais pas si c'est l'eau-de-vie;.. mais que le diable me berce si vous ne me faites pas peur en disant que vous rirez cette nuit!

Et ce disant le jeune homme se leva en trébuchant; il commençait à être ivre de nouveau.

On frappa à la porte.

— Entrez.

L'hôte du cabaret parut.

— Qu'est-ce que c'est?

— Il y a en bas un jeune homme; il s'appelle Olivier; il demande M. Morok.

— C'est moi; faites monter.

L'hôte sortit.

— C'est un de nos hommes; mais il est seul — dit Morok, dont la rude figure exprima le désappointement. Seul... cela m'étonne... j'en attendais plusieurs;.. le connaissez-vous?

— Olivier.... oui.... un blond.... il me semble...

— Nous verrons bien... le voici.

En effet, un jeune homme d'une figure ouverte, hardie et intelligente, entra dans le cabinet.

— Tiens... Couche-tout-Nu? — s'écria-t-il à la vue du convive de Morok.

— Moi-même. Il y a des siècles qu'on ne t'a vu, Olivier.

— C'est tout simple... mon garçon, nous ne travaillons pas au même endroit.

— Mais vous êtes seul? — reprit Morok.

Et montrant Couche-tout-Nu, il ajouta:

— On peut parler devant lui... il est des nôtres. Mais comment êtes-vous seul?

— Je viens seul, mais je viens au nom de mes camarades.

— Ah! — fit Morok avec un soupir de satisfaction — ils consentent.

— Ils refusent... et moi aussi.

— Comment, mordieu! ils refusent?... Ils n'ont donc pas plus de tête que des femmes? — s'écria Morok, les dents serrées de rage.

— Écoutez-moi — reprit froidement Olivier : — nous avons reçu vos lettres, vu votre argent; nous avons eu la preuve qu'il était, en effet, affilié à des sociétés secrètes où nous connaissons plusieurs personnes.

— Eh bien!.. pourquoi hésitez-vous?

— D'abord rien ne nous prouve que ces sociétés soient prêtes pour un mouvement.

— Je vous le dis, moi...

— Il le... dit... lui — dit Couche-tout-Nu en balbutiant.—Et je... l'affirme... *En avant, marchons!!*

— Cela ne suffit pas — reprit Olivier — et d'ailleurs nous avons réfléchi... Pendant huit jours, l'atelier a été divisé; hier encore la discussion a été vive, pénible; mais ce matin le père Simon nous a fait venir; on s'est expliqué devant lui; il nous a convaincus;... nous attendrons;... si le mouvement éclate... nous verrons...

— C'est votre dernier mot?

— C'est notre dernier mot.

— Silence! — s'écria tout à coup Couche-tout-Nu en prêtant l'oreille et en se balançant sur ses jambes avinées; — on dirait au loin les cris d'une foule...

En effet, on entendit d'abord sourdre, puis croître de moment en moment une rumeur éloignée, qui peu à peu devint formidable.

— Qu'est-ce que cela? — dit Olivier surpris.

— Maintenant — reprit Morok en souriant d'un air sinistre — je me rappelle que l'hôte m'a dit en entrant qu'il y avait une grande fermentation dans le village contre la fabrique. Si vous et vos camarades vous vous étiez séparés des autres ouvriers de M. Hardy, comme je le croyais, ces gens, qui commencent à hurler, auraient été pour vous... au lieu d'être contre vous!...

— Ce rendez-vous était donc un guet-apens ménagé pour armer les ouvriers de M. Hardy les uns contre les autres? — s'écria Olivier; — vous espériez donc que nous aurions fait cause commune avec les gens que l'on excite contre la fabrique, et que...

Le jeune homme ne put continuer.

Une terrible explosion de cris, de hurlements, de sifflets, ébranla le cabaret.

Au même instant la porte s'ouvrit brusquement, et le cabaretier, pâle, tremblant, se précipita dans le cabinet en s'écriant :

— Messieurs !... est-ce qu'il y a quelqu'un parmi vous qui appartienne à la fabrique de M. Hardy.

— Moi... dit Olivier.

— Alors vous êtes perdu !... voilà les *Loups* qui arrivent en masse, ils crient qu'il y a ici des *Dévorants* de chez M. Hardy, et ils demandent bataille... à moins que les *Dévorants* ne renient la fabrique et qu'ils ne se mettent de leur bord.

— Plus de doute, c'était un piége!... — s'écria Olivier en regardant Morok et Couche-tout-Nu d'un air menaçant — on comptait nous compromettre si mes camarades étaient venus !

— Un piége... moi ?.. Olivier — dit Couche-tout-Nu en balbutiant — jamais !

— Bataille aux *Dévorants !* ou qu'ils viennent avec les *Loups !* — cria tout d'une voix la foule irritée, qui paraissait envahir la maison.

— Venez...

S'écria le cabaretier; et sans donner à Olivier le temps de lui répondre, il le saisit par le bras et ouvrant une fenêtre qui donnait sur le toit d'un appentis peu élevé, il lui dit :

— Sauvez-vous par cette fenêtre, laissez-vous glisser, et gagnez les champs; il est temps...

Et comme le jeune ouvrier hésitait, le cabaretier ajouta avec effroi :

— Seul contre deux cents, que voulez-vous faire ? Une minute de plus et vous êtes perdu... Les entendez-vous ? Ils sont entrés dans la cour, ils montent.

En effet, à ce moment les huées, les sifflets, les cris, redoublèrent de violence;

l'escalier de bois qui conduisait au premier étage s'ébranla sous les pas précipités de plusieurs personnes; et ce cri arriva perçant et proche :

— Bataille aux *Dévorants!*

— Sauve-toi, Olivier — s'écria Couche-tout-Nu presque dégrisé par le danger.

A peine avait-il prononcé ces mots, que la porte de la grande salle qui précédait ce cabinet s'ouvrit avec un fracas épouvantable.

— Les voilà... — dit le cabaretier en joignant les mains avec effroi.

Puis courant à Olivier, il le poussa pour ainsi dire par la fenêtre; car, une jambe sur l'appui, l'ouvrier hésitait encore.

La croisée refermée, le tavernier revint auprès de Morok à l'instant où celui-ci quittait le cabinet pour la grande salle où les chefs des *Loups* venaient de faire irruption, pendant que leurs compagnons vociféraient dans la cour et dans l'escalier.

Huit ou dix de ces insensés, que l'on poussait à leur insu à ces scènes de désordre, s'étaient des premiers précipités dans la salle les traits animés par le vin et par la colère ; la plupart étaient armés de longs bâtons.

Un carrier d'une taille et d'une force herculéennes, coiffé d'un mauvais mouchoir rouge dont les lambeaux flottaient sur ses épaules, misérablement vêtu d'une peau de bique à moitié usée, brandissait une lourde pince de fer, et paraissait diriger le mouvement ; les yeux injectés de sang, la physionomie menaçante et féroce, il s'avança vers le cabinet, faisant mine de vouloir repousser Morok, et s'écriant d'une voix tonnante :

— Où sont les *Dévorants ! !...* les *Loups* en veulent manger !

Le cabaretier se hâta d'ouvrir la porte du cabinet en disant :

— Il n'y a personne, mes amis,... il n'y a personne ;... voyez vous-mêmes.

— C'est vrai — dit le carrier surpris après avoir jeté un coup d'œil dans le cabinet — où sont-ils donc ? on nous avait dit qu'il y en avait ici une quinzaine. Ou ils auraient marché avec nous sur la fabrique, ou il y aurait eu bataille, et les *Loups* auraient mordu !

— S'ils ne sont pas venus... — dit un autre... — ils viendront : il faut les attendre.

— Oui... oui, attendons-les.

— On se verra de plus près !

— Puisque les *Loups* veulent voir des *Dévorants* — dit Morok — pourquoi ne vont-ils pas hurler autour de la fabrique de ces mécréants, de ces athées ?.. Aux premiers hurlements des *Loups*,... ils sortiraient et il y aurait bataille...

— Il y aurait... bataille — répéta machinalement Couche-tout-Nu.

— A moins que les *Loups* n'aient peur des *Dévorants* ! — ajouta Morok.

— Puisque tu parles de peur... toi ! tu vas marcher avec nous,... et tu nous verras aux prises ! s'écria le formidable carrier, d'une voix tonnante, en s'avançant vers Morok.

Et nombre de voix se joignirent à la voix du carrier.

— Les *Loups* avoir peur des *Dévorants* !

— Ce serait la première fois.

— La bataille... la bataille ! ! et que ça finisse.

— Ça nous assomme à la fin... Pourquoi tant de misère pour nous et tant de bonheur pour eux?

— Ils ont dit que les carriers étaient des bêtes brutes, bonnes à monter dans les roues de carrière comme des chiens de tourne-broche — dit un émissaire du baron Tripeaud.

— Et qu'eux autres *Dévorants* se feraient des casquettes avec la peau des *Loups*... ajouta un autre.

— Ni eux ni leurs femmes ne vont jamais à la messe. C'est des païens... des vrais chiens! — cria un émissaire de l'abbé prêcheur.

— Eux, à la bonne heure... faut bien qu'ils fassent le dimanche à leur manière! mais leurs femmes, ne pas aller à la messe!... ça crie vengeance...

— Aussi le curé a dit que cette fabrique-là, à cause de ses abominations, serait capable d'attirer le choléra sur le pays...

— C'est vrai... Il l'a dit au prêche.

— Nos femmes l'ont entendu!...

— Oui, oui, à bas les *Dévorants*, qui veulent attirer le choléra sur le pays!

— Bataille!... bataille!... — cria-t-on en chœur.

— A la fabrique, donc! mes braves *Loups!*—cria Morok d'une voix de Stentor — à la fabrique !

— Oui ! à la fabrique! à la fabrique ! — répéta la foule avec des trépignements furieux; car peu à peu tous ceux qui avaient pu monter et tenir dans la grande salle ou sur l'escalier, s'y étaient entassés.

Ces cris furieux rappelant un instant Couche-tout-Nu à lui-même, il dit tout bas à Morok :

— Mais, c'est donc un carnage que vous voulez? Je n'en suis plus.

— Nous aurons le temps d'avertir à la fabrique... Nous les quitterons en route — lui dit Morok. — Puis il cria tout haut en s'adressant à l'hôte, effrayé de ce désordre :

— De l'eau-de-vie! que l'on puisse boire à la santé des braves *Loups!* C'est moi qui régale!

Et il jeta de l'argent au cabaretier, qui disparut et revint bientôt avec plusieurs bouteilles d'eau-de-vie et quelques verres.

— Allons donc! des verres! — s'écria Morok; — est-ce que des camarades comme nous boivent dans des verres?...

Et faisant sauter le bouchon d'une bouteille, il porta le goulot à ses lèvres et la passa au gigantesque carrier après avoir bu.

— A la bonne heure — dit le carrier — à la régalade! capon qui s'en dédit! ça va aiguiser les dents des *Loups!*

— A vous autres, camarades! — dit Morok en distribuant les bouteilles.

— Il y aura du sang à la fin de tout ça — murmura Couche-tout-Nu, qui, malgré son état d'ivresse, comprenait tout le danger de ces funestes excitations.

En effet, bientôt le nombreux rassemblement quitta la cour du cabaret pour courir en masse à la fabrique de M. Hardy.

Ceux des ouvriers et habitants du village, qui n'avaient pas voulu prendre part à ce mouvement d'hostilité (et ils étaient en majorité) ne parurent pas au moment où la troupe menaçante traversa la rue principale; mais un assez grand nombre de femmes, fanatisées par les prédications de l'abbé, encouragèrent par leurs cris la troupe militante.

A sa tête s'avançait le gigantesque carrier, brandissant sa formidable pince de fer, puis derrière lui, pêle-mêle, armés les uns de bâtons, les autres de pierres, suivait le gros de la troupe. Les têtes encore exaltées par de récentes libations d'eau-de-vie, étaient arrivées à un état d'effervescence effrayant. Les physionomies étaient farouches, enflammées, terribles. Ce déchaînement des plus mauvaises passions faisait pressentir de déplorables conséquences.

Se tenant par le bras et marchant quatre ou cinq de front, les *Loups* s'excitaient encore par leurs chants de guerre répétés avec une excitation croissante et dont voici le dernier couplet :

> Élançons-nous pleins d'assurance,
> Exerçons nos bras vigoureux,
> Ils ont lassé notre prudence,
> Eh bien ! nous voilà devant eux. (*Bis.*)

Enfants d'un roi brillant de gloire (1),
C'est aujourd'hui que sans pâlir
Il faut savoir vaincre ou mourir ;
La mort, la mort ou la victoire !
Du grand roi Salomon, intrépides enfants,
Faisons, faisons un noble effort,
    Nous serons triomphants !
. . . .

Morok et Couche-tout-Nu avaient disparu pendant que la troupe en tumulte sortait du cabaret pour se rendre à la fabrique.

---

(1) Les *Loups* et les *Gavots* entre autres font remonter l'institution de leur compagnonnage jusqu'au roi Salomon. (Voir pour plus de détails le curieux ouvrage de M. Agricol Perdiguier, que nous avons déjà cité et dont ce chant de guerre est extrait.)

CHAPITRE XV.

LA MAISON COMMUNE.

Pendant que les *Loups*, ainsi qu'on vient de le voir, se préparaient à une sauvage agression contre les *Dévorants*, la fabrique de M. Hardy avait, cette matinée-là, un air de fête parfaitement d'accord avec la sérénité du ciel; car le vent était nord et le froid assez piquant pour une belle journée de mars.

Neuf heures du matin venaient de sonner à l'horloge de la *maison commune* des ouvriers, séparée des ateliers par une large route plantée d'arbres.

Le soleil levant inondait de ses rayons cette imposante masse de bâtiments situés à une lieue de Paris, dans une position aussi riante que salubre, d'où l'on apercevait les coteaux boisés et pittoresques qui, de ce côté, dominent la grande ville.

Rien n'était d'un aspect plus simple et plus gai que la *maison commune* des ouvriers. Son toit de chalet en tuiles rouges s'avançait au delà des murailles blanches coupées çà et là par de larges assises de briques, qui contrastaient agréablement avec la couleur verte des persiennes du premier et du second étage.

Ces bâtiments, exposés au midi et au levant, étaient entourés d'un vaste jardin de dix arpents, ici planté d'arbres en quinconces, là distribué en potager et en verger.

Avant de continuer cette description, qui peut-être semblera quelque peu *féerique*, établissons d'abord que les *merveilles* dont nous allons esquisser le tableau, ne doivent pas être considérées comme des utopies, comme des rêves; rien, au contraire, n'était plus positif, et même, hâtons-nous de le dire et surtout de le prouver (de ce temps-ci une telle affirmation donnera singulièrement de poids et d'intérêt à la chose), ces merveilles étaient le résultat d'une *excellente spéculation*, et au résumé représentaient un *placement aussi lucratif qu'assuré*.

Entreprendre une chosse belle, utile et grande ; douer un nombre considérable de créatures humaines d'un bien-être idéal, si on le compare au sort affreux, presque homicide, auxquels ils sont presque toujours condamnés ; les instruire, les relever à leurs propres yeux ; leur faire préférer aux grossiers plaisirs du cabaret, ou plutôt à ces étourdissements funestes que ces malheureux y cherchent fatalement pour échapper à la conscience de leur déplorable destinée ; leur faire préférer à cela les plaisirs de l'intelligence, le délassement des arts ; moraliser en un mot l'homme par le bonheur ; enfin, grâce à une généreuse initiative, à un exemple d'une pratique facile, prendre place parmi les bienfaiteurs de l'humanité, et *faire* en même temps, pour ainsi dire, *forcément une excellente affaire*.... ceci paraît fabuleux. Tel était cependant le secret des merveilles dont nous parlons.

Entrons dans l'intérieur de la fabrique.

Agricol, ignorant la cruelle disparition de la Mayeux, se livrait aux plus heureuses pensées en songeant à Angèle, et achevait sa *toilette* avec une certaine coquetterie, afin d'aller trouver sa fiancée.

Disons deux mots du logement que le forgeron occupait dans la maison commune, à raison du prix incroyablement minime de *soixante-quinze francs* par an, comme les autres célibataires.

Ce logement, situé au deuxième étage, se composait d'une belle chambre et d'un cabinet exposés en plein midi et donnant sur le jardin; le plancher, de sapin, était d'une blancheur parfaite; le lit de fer, garni d'une paillasse de feuilles de maïs, d'un excellent matelas et de moelleuses couvertures; un bec de gaz et la bouche d'un calorifère donnaient, selon le besoin, de la lumière et une douce chaleur dans cette pièce, tapissée d'un joli papier perse et ornée de rideaux pareils; une commode, une table en noyer, quelques chaises, une petite bibliothèque composaient l'ameublement d'Agricol; enfin, dans le cabinet, fort grand et fort clair, se trouvaient un placard pour serrer les habits, une table pour les objets de toilette, et une large cuvette de zinc au-dessous d'un robinet donnant de l'eau à volonté.

Si l'on compare ce logement agréable, salubre, commode, à la mansarde obscure, glaciale et délâbrée que le digne garçon payait quatre-vingt-dix francs par an dans la maison de sa mère, et qu'il lui fallait aller gagner chaque soir en faisant plus d'une lieue et demie, on comprendra le sacrifice qu'il faisait à son affection pour cette excellente femme.

Agricol, après avoir jeté un dernier coup d'œil assez satisfait sur son miroir en peignant sa moustache et sa large impériale, quitta sa chambre pour aller rejoindre Angèle à la lingerie commune; le corridor qu'il traversa était large, éclairé par le haut, et planchéié de sapin, d'une extrême propreté.

Malgré les quelques ferments de discorde jetés depuis peu par les ennemis de M. Hardy au milieu de l'association d'ouvriers jusqu'alors si fraternellement unis, on entendait de joyeux chants dans presque toutes les chambres qui bordaient le corridor, et Agricol, en passant devant plusieurs portes ouvertes, échangea cordialement un bonjour matinal avec plusieurs de ses camarades.

Le forgeron descendit prestement l'escalier, traversa la cour en boulingrin, plantée d'arbres au milieu desquels jaillissait une fontaine d'eau vive, et gagna l'autre aile du bâtiment. Là se trouvait l'atelier où une partie des femmes et des filles des ouvriers associés, qui n'étaient pas employées à la fabrique, confectionnaient les effets de lingerie. Cette main-d'œuvre, jointe à l'énorme économie provenant de l'achat de toiles en gros, fait directement dans les fabriques par l'association, réduisait incroyablement le prix de revient de chaque objet.

Après avoir traversé l'atelier de lingerie, vaste salle donnant sur le jardin, bien aéré pendant l'été (1), bien chauffé pendant l'hiver,

---

(1) M. Adolphe Bobierre, dans un petit livre récemment publié (*De l'air considéré sous le rapport de la salubrité.* — *Fournier, 7, rue Saint-Benoît*), entre dans les détails les plus curieux et les plus positifs sur l'indispensable nécessité de renouveler l'air pour la conservation de la santé.

Agricol alla frapper à la porte de la mère d'Angèle.

Si nous disons quelques mots de ce logis, situé au premier étage, exposé au levant et donnant sur le jardin, c'est qu'il offrait pour ainsi dire le spécimen de l'habitation du *ménage* dans l'association, au prix toujours incroyablement minime de 125 *fr. par an*.

Une sorte de petite entrée donnant sur le corridor conduisait à une très-grande chambre, de chaque côté de laquelle se trouvait une chambre un peu moins grande, destinée à leur famille lorsque filles ou garçons étaient

---

Il résulte des expériences de la science ce fait irréfragable, que pour que l'homme soit dans sa condition normale, *il lui faut par heure de six à dix mètres cubes d'air frais et renouvelé*. Or, on frémit quand on songe aux ateliers obscurs et étouffés où sont souvent entassés une multitude d'ouvriers. Parmi les excellentes conclusions de la brochure de M. Bobierre, nous citons celle-ci, en nous joignant à lui pour appeler sur cette proposition l'attention du conseil de salubrité, qui rend chaque jour de grands services.

— *Dès qu'un atelier devra réunir un nombre d'ouvriers supérieur à dix, il sera soumis à l'inspection des délégués du conseil de salubrité, qui constateront que sa disposition n'est pas de nature à altérer la santé des ouvriers qui y sont enfermés.*

trop grands pour continuer de coucher dans l'un des deux dortoirs établis comme des dortoirs de pension, et destinés aux enfants des deux sexes. Chaque nuit la surveillance de ces dortoirs était confiée à un père ou à une mère de famille appartenant à l'association.

Le logement dont nous parlons se trouvant, comme tous les autres, complétement débarrassé de l'attirail de la cuisine, qui se faisait en grand et en commun dans une autre partie du bâtiment, pouvait être tenu avec une extrême propreté. Un assez grand tapis, un bon fauteuil, quelques jolies porcelaines sur une étagère en bois blanc bien ciré, plusieurs gravures pendues aux murailles, une pendule de bronze doré, un lit, une commode et un secrétaire d'acajou annonçaient que les locataires de ce logis joignaient un peu de superflu à leur bien-être.

Angèle, que l'on pouvait, dès ce moment, appeler la fiancée d'Agricol, justifiait de tout point le portrait flatteur tracé par le forgeron dans son entretien avec la pauvre Mayeux; cette charmante jeune fille, âgée de dix-sept ans au plus, vêtue avec autant de simplicité que de fraîcheur, était assise à côté de sa mère. Lorsque Agricol entra, elle rougit légèrement à sa vue.

— Mademoiselle — dit le forgeron — je viens remplir ma promesse, si votre mère y consent.

— Certainement, monsieur Agricol, j'y consens — répondit cordialement la mère de la jeune fille. — Elle n'a pas voulu visiter la maison commune et ses dépendances, ni avec son père, ni avec son frère, ni avec moi, pour avoir le plaisir de la visiter avec vous aujourd'hui dimanche... C'est bien le moins que vous, qui parlez si bien, vous fassiez les honneurs de la maison à cette nouvelle débarquée; il y a déjà une heure qu'elle vous attend, et avec quelle impatience!

— Mademoiselle, excusez-moi — dit gaiement Agricol : — en pensant au plaisir de vous voir... j'ai oublié l'heure... C'est là ma seule excuse.

— Ah! maman... — dit la jeune fille à sa mère d'un ton de doux reproche et en devenant vermeille comme une cerise — pourquoi avoir dit cela?

— Est-ce vrai, oui ou non? Je ne t'en fais pas un reproche, au contraire; va, mon enfant, M. Agricol t'expliquera mieux que moi encore ce que tous les ouvriers de la fabrique doivent à M. Hardy.

— Monsieur Agricol — dit Angèle en nouant les rubans de son joli bonnet — quel dommage que votre bonne petite sœur adoptive ne soit pas avec vous!

— La Mayeux? vous avez raison, mademoiselle, mais ce ne sera que partie remise, et la visite qu'elle nous a faite hier ne sera pas la dernière...

La jeune fille, après avoir embrassé sa mère, sortit avec Agricol, dont elle prit le bras.

— Mon Dieu, monsieur Agricol — dit Angèle — si vous saviez combien j'ai été surprise en entrant dans cette belle maison, moi qui étais habituée à voir tant de misère chez les pauvres ouvriers de notre province... misère que j'ai partagée aussi... tandis qu'ici tout le monde a l'air si heureux, si content!... c'est comme une féerie, en vérité; je crois rêver; et quand je demande à ma mère l'explication de cette féerie, elle me répond : M. Agricol t'expliquera cela.

— Savez-vous pourquoi je suis si heureux de la douce tâche que je vais remplir, mademoiselle? — dit Agricol avec un accent à la fois grave et tendre — c'est que rien ne pouvait venir plus à propos.

— Comment cela, monsieur Agricol?

— Vous montrer cette maison, vous faire connaître toutes les ressources de notre association, c'est pouvoir vous dire : — Ici, mademoiselle, le travailleur, certain du présent, certain de l'avenir, n'est pas, comme tant de ses pauvres frères, obligé de renoncer souvent au plus doux besoin du cœur... au désir de se choisir une compagne pour la vie... cela... dans la crainte d'unir sa misère à une autre misère.

Angèle baissa les yeux et rougit.

— Ici le travailleur peut se livrer sans inquiétude à l'espoir des douces joies de la famille, bien sûr de ne pas être déchiré plus tard par la vue des horribles privations de ceux qui lui sont chers; ici, grâce à l'ordre, au travail, au sage emploi des forces de chacun, hommes, femmes, enfants vivent heureux et satisfaits; en un mot, vous expliquer tout cela — ajouta Agricol en souriant d'un air plus tendre — c'est vous prouver qu'ici, mademoiselle, l'on ne peut faire rien de plus raisonnable... que de s'aimer, et rien de plus sage... que de se marier.

— Monsieur... Agricol — répondit Angèle d'une voix doucement émue et en rougissant encore plus — si nous commencions notre promenade ?

— A l'instant, mademoiselle — répondit le forgeron heureux du trouble qu'il avait fait naître dans cette âme ingénue. — Mais tenez, nous sommes tout près du dortoir des petites filles. Ces oiseaux gazouilleurs sont dénichés depuis long-temps; allons-y.

— Volontiers, monsieur Agricol.

Le jeune forgeron et Angèle entrèrent bientôt dans un vaste dortoir, pareil à celui d'une excellente pension. Les petits lits en fer étaient symétriquement rangés; à chacune des extrémités se voyaient les lits des deux mères de famille qui remplissaient tour à tour le rôle de surveillantes.

— Mon Dieu! comme ce dortoir est bien distribué, monsieur Agricol! et quelle propreté! Qui donc soigne cela si parfaitement?

— Les enfants eux-mêmes; il n'y a pas ici de serviteurs; il existe entre ces bambins une émulation incroyable; c'est à qui aura mieux fait son lit; cela les amuse au moins autant que de faire le lit de leur poupée. Les petites filles, vous le savez, adorent *jouer au ménage*. Eh bien! ici elles y jouent sérieusement, et le ménage se trouve merveilleusement fait...

— Ah! je comprends,... on utilise leurs goûts naturels pour toutes ces sortes d'amusements.

— C'est là tout le secret; vous les verrez partout très-utilement occupées, et ravies de l'importance que ces occupations leur donnent...

— Ah! monsieur Agricol — dit timidement Angèle — quand on compare ces beaux dortoirs, si sains, si chauds, à ces horribles mansardes glacées, où les enfants sont entassés pêle-mêle sur une mauvaise paillasse, grelottant de froid, ainsi que cela est chez presque tous les ouvriers de notre pays!

— Et à Paris donc! mademoiselle,... c'est peut-être pis encore.

— Ah! combien il faut que M. Hardy soit bon, généreux, et riche surtout, pour dépenser tant d'argent à faire du bien!

— Je vais vous étonner beaucoup, mademoiselle — dit Agricol en souriant — vous étonner tellement, que peut-être vous ne me croirez pas...

— Pourquoi donc cela, monsieur Agricol?

— Il n'y a pas certainement au monde un homme d'un cœur meilleur et plus généreux que M. Hardy; il fait le bien pour le bien, sans songer à son intérêt; eh bien! figurez-vous, mademoiselle Angèle, qu'il serait l'homme le plus égoïste, le plus intéressé, le plus avare,... qu'il trouverait encore un énorme profit à nous mettre à même d'être aussi heureux que nous le sommes.

— Cela est-il possible, monsieur Agricol? Vous me le dites, je vous crois; mais, si le bien est si facile... et même si avantageux à faire, pourquoi ne le fait-on pas davantage?

— Ah! mademoiselle, c'est qu'il faut trois conditions bien rares à rencontrer chez la même personne : — *Savoir* — *pouvoir* — *vouloir.*

— Hélas! oui : ceux qui savent... ne peuvent pas.

— Et ceux qui peuvent, ne savent ou ne veulent pas.

— Mais M. Hardy, comment trouve-t-il tant d'avantage au bien dont il vous fait jouir?

— Je vous expliquerai cela tout à l'heure, mademoiselle.

— Ah! quelle bonne et douce odeur de fruits! — dit tout à coup Angèle.

— C'est que le fruitier commun n'est pas loin; je parie que vous allez trouver encore là plusieurs de nos petits oiseaux du dortoir occupés ici, non pas à picorer, mais à travailler, s'il vous plaît.

Et Agricol, ouvrant une porte, fit entrer Angèle dans une grande salle, garnie de tablettes où des fruits d'hiver étaient symétriquement rangés; plusieurs enfants de sept à huit ans, proprement et chaudement vêtus, rayonnant de santé, s'occupaient gaiement, sous la surveillance d'une femme, de séparer et de trier les fruits gâtés.

— Vous voyez — dit Agricol, partout, autant que possible, nous utilisons les enfants; ces occupations sont des amusements pour eux, répondent au besoin de mouvement, d'activité de leur âge, et, de la sorte, on ne demande pas aux jeunes filles et aux femmes un temps bien mieux employé.

— C'est vrai, monsieur Agricol; combien tout cela est sagement ordonné!

— Et si vous les voyiez, ces bambins, à la cuisine, quels services ils rendent! Dirigés par une ou deux femmes, ils font la besogne de huit ou dix servantes.

— Au fait — dit Angèle en souriant — à cet âge on aime tant à jouer *à la dînette!* Ils doivent être ravis.

— Justement, et de même, sous le prétexte de *jouer au jardinet*, ce sont eux qui, au jardin, sarclent la terre, font la cueillette des fruits et des légumes, arrosent les fleurs, passent le râteau dans les allées, etc.; en un mot cette armée de bambins travailleurs, qui ordinairement restent jusqu'à l'âge de dix à douze ans sans rendre aucun service, ici sont très-utiles; sauf trois heures d'école bien suffisantes pour eux, depuis l'âge de six ou sept ans, leurs récréations sont très-sérieusement employées, et certes ces chers petits êtres, par l'économie de *grands bras* que procurent leurs travaux, gagnent beaucoup plus qu'ils ne coûtent, et puis enfin, mademoiselle, ne trouvez-vous pas qu'il y a dans la présence de l'enfance ainsi mêlée à tous labeurs quelque chose de doux, de pur, presque de sacré, qui impose aux paroles, aux actions, une réserve toujours salutaire? L'homme le plus grossier respecte l'enfance...

— A mesure que l'on réfléchit, comme on voit en effet que tout ici est calculé pour le bonheur de tous! — dit Angèle avec admiration.

— Et cela n'a pas été sans peine : il a fallu vaincre les préjugés, la routine... Mais tenez, mademoiselle Angèle... nous voici devant la cuisine commune — ajouta le forgeron en souriant — voyez si cela n'est pas aussi imposant que la cuisine d'une caserne ou d'une grande pension.

En effet, l'officine culinaire de la maison commune était immense; tous ses ustensiles étincelaient de propreté; puis, grâce aux procédés aussi merveilleux qu'économiques de la science moderne (toujours inabordables aux classes pauvres, auxquelles ils seraient indispensables, parce qu'ils ne peuvent se pratiquer que sur une grande échelle), non-seulement le foyer et les fourneaux étaient alimentés avec une quantité de combustible deux fois moindre que celle que chaque ménage eût individuellement dépensée, mais l'excédant de calorique suffisait, au moyen d'un calorifère parfaitement organisé, à répandre une chaleur égale dans toutes les chambres de la maison commune.

Là encore des enfants, sous la direction de deux ménagères, rendaient de nombreux services. Rien de plus comique que le sérieux qu'ils mettaient à remplir leurs fonctions culinaires; il en était de même de l'aide qu'ils apportaient à la boulangerie, où se confectionnait, à un rabais extraordinaire (on achetait la farine en gros), cet excellent *pain de ménage*, salubre et nourrissant mélange de pur froment et de seigle, si préférable à ce pain blanc et léger qui n'obtient souvent ces qualités qu'à l'aide de substances malfaisantes.

— Bonjour, madame Bertrand — dit gaîment Agricol à une digne matrone qui contemplait gravement les lentes évolutions de plusieurs tournebroches dignes des noces de Gamache, tant ils étaient glorieusement chargés de morceaux de bœuf, de mouton et de veau, qui commençaient à prendre une belle couleur d'un brun doré des plus appétissantes ; — bonjour, madame Bertrand — reprit Agricol — selon le règlement je ne dépasse pas le seuil de la cuisine ; je veux seulement la faire admirer à mademoiselle, qui est arrivée ici depuis peu de jours.

— Admirez, mon garçon, admirez..., et surtout voyez comme cette marmaille est sage et travaille bien !...

Et, ce disant, la matrone indiqua du bout de la grande cuiller de lèchefrite qui lui servait de sceptre, une quinzaine de marmots des deux sexes, assis autour d'une table, profondément absorbés dans l'exercice de leurs fonctions, qui consistaient à pelurer des pommes de terre et à éplucher des herbes.

— Nous aurons donc un vrai festin de

Balthasar, madame Bertrand ? — demanda Agricol en riant.

— Ma foi! un vrai festin comme toujours, mon garçon... Voilà la carte du dîner d'aujourd'hui : bonne soupe de légumes au bouillon, bœuf rôti avec des pommes de terre autour, salade, fruits, fromage, et pour extra du dimanche des tourtes au raisiné que fait la mère Denis à la boulangerie; et, c'est le cas de le dire, à cette heure le four chauffe.

— Ce que vous me dites là, madame Bertrand, me met furieusement en appétit — dit gaiement Agricol. — Du reste, on s'aperçoit bien quand c'est votre tour d'être de cuisine — ajouta-t-il d'un air flatteur.

— Allez, allez, grand moqueur! — dit gaiement le cordon bleu de service.

— C'est encore cela qui m'étonne tant, monsieur Agricol — dit Angèle à Agricol en continuant de marcher à côté de lui — c'est de comparer la nourriture si insuffisante, si malsaine, des ouvriers de notre pays, à celle que l'on a ici.

— Et pourtant nous ne dépensons pas plus de vingt-cinq sous par jour, pour être nourris beaucoup mieux que nous ne le serions pour trois francs à Paris.

— Mais c'est à n'y pas croire, monsieur Agricol. Comment est-ce donc possible...?

— C'est toujours grâce à la baguette de M. Hardy. Je vous expliquerai cela tout à l'heure.

— Ah! que j'ai aussi d'impatience à le voir, M. Hardy!

— Vous le verrez bientôt, peut-être aujourd'hui; car on l'attend d'un moment à l'autre. Mais, tenez, voici le réfectoire que vous ne connaissez pas, puisque votre famille, comme d'autres ménages, a préféré se faire apporter à manger chez elle... Voyez donc quelle belle pièce... et si gaie, sur le jardin en face de la fontaine!

En effet, c'était une vaste salle bâtie en forme de galerie et éclairée par dix fenêtres ouvrant sur un jardin; des tables recouvertes de toile cirée bien luisante étaient rangées près des murs : de sorte que, pendant l'hiver, cette pièce servait le soir, après les travaux, de salle de réunion et de veillée, pour les ouvriers qui préféraient passer la soirée en commun au lieu de la passer seuls chez eux ou en famille. Alors, dans cette immense salle, bien chauffée par le calorifère, brillamment éclairée au gaz, les uns lisaient, d'autres jouaient aux cartes, ceux-là causaient ou s'occupaient de menus travaux.

— Ce n'est pas tout — dit Agricol à la jeune fille — vous trouverez, j'en suis sûr, cette pièce encore plus belle lorsque vous saurez que le jeudi et le dimanche elle se transforme en salle de bal, et le mardi et le samedi soir en salle de concert !

— Vraiment !...

— Certainement, répondit fièrement le forgeron. — Nous avons parmi nous des musiciens exécutants, très-capables de faire danser ; de plus, deux fois la semaine nous chantons presque tous en chœur, hommes, femmes, enfants (1). Malheureusement, cette semaine, quelques troubles survenus dans la fabrique ont empêché nos concerts.

(1) Nous serons compris de ceux qui ont entendu les admirables concerts de l'Orphéon, où plus de mille ouvriers, hommes, femmes et enfants, chantent avec un merveilleux ensemble.

— Autant de voix ! cela doit être superbe.

— C'est très-beau, je vous assure..... M. Hardy a toujours beaucoup encouragé chez nous cette distraction d'un effet si puissant, dit-il, et il a raison, sur l'esprit et sur les mœurs.

Pendant un hiver, il a fait venir ici, à ses frais, deux élèves du célèbre M. Wilhem ; et, depuis, notre école a fait de grands progrès. Vraiment je vous assure, mademoiselle Angèle, que, sans nous flatter, c'est quelque chose d'assez émouvant que d'entendre environ deux cents voix diverses chanter en chœur quelque hymne au travail ou à la liberté... Vous entendrez cela, et vous trouverez, j'en suis sûr, qu'il y a quelque chose de grandiose, et pour ainsi dire d'élevant pour le cœur, dans l'accord fraternel de toutes ces voix se fondant en un seul son, grave, sonore et imposant.

— Oh ! je le crois ; mais quel bonheur d'habiter ici ! Il n'y a que des joies, car le travail ainsi mélangé de plaisirs devient un bonheur.

— Hélas ! il y a ici comme partout des larmes et des douleurs — dit tristement Agricol.

— Voyez-vous là... ce bâtiment isolé, bien exposé.

— Oui, quel est-il?

— C'est notre salle de malades... Heureusement, grâce à notre régime sain et si salubre, elle n'est pas souvent au complet; une cotisation annuelle nous permet d'avoir un très-bon médecin; de plus, une caisse de secours mutuels est organisée de telle sorte, qu'en cas de maladie chacun de nous reçoit les deux tiers de ce qu'il reçoit en santé.

— Comme tout cela est bien entendu! Et là-bas, monsieur Agricol, de l'autre côté de la pelouse?

— C'est la buanderie et le lavoir d'eau courante, chaude et froide, et puis, sous ce hangar est le séchoir; plus loin, les écuries et les greniers de fourrage pour les chevaux du service de la fabrique.

— Mais enfin, monsieur Agricol, allez-vous me dire le secret de toutes ces merveilles?

— En dix minutes vous allez comprendre cela, mademoiselle.

Malheureusement la curiosité d'Angèle fut

à ce moment déçue : la jeune fille se trouvait avec Agricol près d'une barrière à claire-voie servant de clôture au jardin, du côté de la grande allée qui séparait les ateliers de la maison commune.

Tout à coup, une bouffée de vent apporta le bruit très-lointain de fanfares guerrières et d'une musique militaire; puis on entendit le galop retentissant de deux chevaux qui s'approchaient rapidement, et bientôt arriva, monté sur un beau cheval noir à longue queue flottante et à housse cramoisie, un officier général; ainsi que sous l'empire, il portait des bottes à l'écuyère et une culotte blanche; son uniforme bleu étincelait de broderies d'or, le grand-cordon rouge de la Légion-d'Honneur était passé sur son épaulette droite quatre fois étoilée d'argent, et son chapeau largement bordé d'or était garni de plume blanche, distinction réservée aux maréchaux de France.

On ne pouvait voir un homme de guerre d'une tournure plus martiale, plus chevaleresque, et plus fièrement campé sur son cheval de bataille.

Au moment où le maréchal Simon, car c'était lui, arrivait devant Angèle et Agricol, il arrêta brusquement sa monture sur ses jarrets, en descendit lestement, et jeta ses rênes d'or à un domestique en livrée qui le suivait à cheval.

— Où faudra-t-il attendre monsieur le duc? — demanda le palefrenier.

— Au bout de l'allée — dit le maréchal.

Et se découvrant avec respect, il s'avança vivement, le chapeau à la main, au-devant d'une personne qu'Angèle et Agricol ne voyaient pas encore.

Cette personne parut bientôt au détour de l'allée : c'était un vieillard à la figure énergique et intelligente, il portait une blouse fort propre, une casquette de drap sur ses longs cheveux blancs, et, les mains dans ses poches, il fumait paisiblement une vieille pipe d'écume de mer.

— Bonjour, mon bon père — dit respectueusement le maréchal en embrassant avec effusion un vieil ouvrier, qui, après lui avoir rendu tendrement son étreinte, lui dit, voyant qu'il conservait son chapeau à la main :

— Couvre-toi donc, mon garçon... mais comme te voilà beau ! — ajouta-t-il en souriant.

— Mon père, c'est que je viens d'assister à une revue tout près d'ici... et j'ai profité de cette occasion pour être plus tôt près de vous.

— Ah çà! est-ce que l'occasion m'empêchera d'embrasser mes petites filles aujourd'hui comme tous les dimanches?

— Non, mon père, elles vont venir en voiture, Dagobert les accompagnera.

— Mais... qu'as-tu donc? Tu me sembles soucieux.

— C'est qu'en effet, mon père — dit le maréchal d'un air péniblement ému — j'ai de graves choses à vous apprendre.

— Viens chez moi, alors — dit le vieillard assez inquiet.

Et le maréchal et son père disparurent au tournant de l'allée.

Angèle était restée si stupéfaite de ce que ce brillant officier-général, qu'on appelait M. le duc, avait pour père un vieil ouvrier en blouse, que, regardant Agricol d'un air interdit, elle lui dit :

— Comment! monsieur Agricol... ce vieil ouvrier?...

— Est le père de M. le maréchal duc de Ligny... l'ami... oui, je peux le dire — ajouta Agricol d'une voix émue — l'ami de mon père, à moi, qui a fait la guerre pendant vingt ans sous ses ordres.

— Être si haut placé, et se montrer si respectueux, si tendre pour son père! — dit Angèle. — Le maréchal doit avoir un bien noble cœur; mais comment laisse-t-il son père ouvrier?

— Parce que le père Simon ne quitterait son état et la fabrique pour rien au monde; il est né ouvrier, il veut mourir ouvrier, quoiqu'il ait pour fils un duc, un maréchal de France.

CHAPITRE XVI.

LE SECRET.

Lorsque l'étonnement fort naturel que l'arrivée du maréchal Simon avait causé à Angèle fut dissipé, Agricol lui dit en souriant :

— Je ne voudrais pas, mademoiselle Angèle, profiter de cette circonstance, pour m'épargner de vous dire le secret de toutes les merveilles de notre *maison commune*...

— Oh! je ne vous aurais pas non plus laissé manquer à votre promesse, monsieur Agricol — répondit Angèle; — ce que vous m'avez déjà dit m'intéresse trop pour cela.

— Écoutez-moi donc, mademoiselle. M. Hardy, en véritable magicien, a prononcé trois mots cabalistiques : — ASSOCIATION — COMMUNAUTÉ — FRATERNITÉ. — Nous avons compris le sens de ces paroles, et les merveilles que vous voyez ont été créées, à notre grand avantage, et aussi, je vous le répète, au grand avantage de M. Hardy.

— C'est toujours cela qui me paraît extraordinaire, monsieur Agricol.

— Supposez, mademoiselle, que M. Hardy, au lieu d'être ce qu'il est, eût été seulement un spéculateur au cœur sec, ne connaissant que le produit, se disant : Pour que ma fabrique me rapporte beaucoup, que faut-il? — Main-d'œuvre parfaite — grande économie de matières premières — parfait emploi du temps des ouvriers; en un mot économie de fabrication afin de produire à très-bon marché — excellence des produits afin de vendre très-cher...

— Certainement, monsieur Agricol, un fabricant ne peut exiger davantage.

— Eh bien, mademoiselle! ces exigences

eussent été satisfaites... ainsi qu'elles l'ont été;... mais comment? Le voici : M. Hardy, seulement spéculateur, se serait d'abord dit : Éloignés de ma fabrique, mes ouvriers, pour s'y rendre, peineront; se levant plus tôt, ils dormiront moins; prendre sur le sommeil si nécessaire aux travailleurs, mauvais calcul; ils s'affaiblissent, l'ouvrage s'en ressent; puis l'intempérie des saisons empirera cette longue course; l'ouvrier arrivera mouillé, frissonnant de froid, énervé avant le travail, et alors... quel travail !!

— Cela est malheureusement vrai, monsieur Agricol; quand à Lille j'arrivais toute mouillée d'une pluie froide à la manufacture, j'en tremblais quelquefois toute la journée à mon métier.

— Aussi, mademoiselle Angèle, le spéculateur dira : — Loger mes ouvriers à la porte de ma fabrique c'est obvier à cet inconvénient. Calculons : — L'ouvrier marié paye en moyenne, dans Paris, 250 fr. par an (1) une

(1) C'est, en effet, le prix moyen d'un logement d'ouvrier, composé au plus de deux petites pièces et d'un cabinet, au troisième ou quatrième étage.

ou deux mauvaises chambres et un cabinet, le tout obscur, étroit, malsain, dans quelque rue noire et infecte; là il vit entassé avec sa famille; aussi quelles santés délabrées! toujours fiévreux, toujours chétifs; et quel travail attendre d'un fiévreux, d'un chétif? Quant aux ouvriers garçons, ils payent un logement moins grand, mais aussi insalubre, environ 150 fr. Or, additionnons : j'emploie 146 ouvriers mariés; ils payent donc à eux tous, pour leurs affreux taudis, 36,500 fr. par an; d'autre part j'emploie 115 ouvriers garçons qui payent aussi par an 17,280 fr., total environ 50,000 fr. de loyer, le revenu d'un million.

— Mon Dieu, monsieur Agricol, quelle grosse somme font pourtant tous ces mauvais petits loyers réunis!

— Vous voyez, mademoiselle, 50,000 fr. par an! Le prix d'un logement de millionnaire; alors, que se dit notre spéculateur?— Pour décider mes ouvriers à abandonner leur demeure de Paris, je leur ferai d'énormes avantages. J'irai jusqu'à réduire de moitié le prix de leur loyer, et, au lieu de chambres malsaines, ils auront des appartements vastes, bien aérés, bien exposés et facilement chauffés et éclairés à peu de frais; ainsi, 146 ménages me payant seulement 125 fr. de loyer, et 115 garçons 75 fr., j'ai un total de 26 à 27,000 fr... Un bâtiment assez vaste pour loger tout ce monde me coûtera tout au plus 500,000 fr. (1). J'aurai donc mon argent placé au moins à 5 0/0, et parfaitement assuré, puisque les salaires me garantiront le prix du loyer.

— Ah! monsieur Agricol, je commence à comprendre comment il peut être quelque-

(1) Ce chiffre est exact, peut-être même exagéré... Un bâtiment pareil à une lieue de Paris, du côté de Montrouge, avec toutes les grandes dépendances nécessaires, cuisine, buanderie, lavoir, etc., réservoir à gaz, prise d'eau, calorifère, etc., entouré d'un jardin de dix arpents, aurait, à l'époque de ce récit, à peine coûté 500,000 fr. — Un constructeur expérimenté a bien voulu nous faire un devis détaillé qui confirme ce que nous avançons. — On voit donc que, *même à prix égal* de ce que payent généralement les ouvriers, on pourrait leur assurer des logements parfaitement salubres et encore placer son argent à dix pour cent.

fois avantageux de faire le bien, même dans un intérêt d'argent.

— Et moi je suis presque certain, mademoiselle, qu'à la longue les affaires faites avec droiture et loyauté sont toujours bonnes. Mais revenons à notre spéculateur. Voici donc — dira-t-il — mes ouvriers établis à la porte de ma fabrique, bien logés, bien chauffés, et arrivant toujours vaillants à l'atelier. Ce n'est pas tout... l'ouvrier anglais, qui mange de bon bœuf, qui boit de bonne bière, fait, à temps égal, deux fois le travail de l'ouvrier français (1), réduit à une détestable nourriture, plus débilitante que confortante, grâce à l'empoisonnement des denrées. Mes ouvriers travailleraient donc beaucoup plus, s'ils mangeaient beaucoup mieux. Comment faire, sans y mettre du mien? Mais j'y songe, le régime des casernes, des pensions et même des

---

(1) Le fait a été expérimenté lors des travaux du chemin de fer de Rouen. Les ouvriers français qui, n'ayant pas de famille, ont pu adopter le régime des Anglais, ont fait alors au moins autant de besogne, réconfortés qu'ils étaient par une nourriture saine et suffisante.

prisons, qu'est-il ? la mise en commun des ressources individuelles, qui procurent ainsi une somme de bien-être impossible à réaliser sans cette association. Or, si mes deux cent soixante ouvriers, au lieu de faire deux cent soixante cuisines détestables, s'associaient pour n'en faire qu'une pour tous, mais très-bonne, grâce à des économies de toutes sortes, quel avantage pour moi... et pour eux ! Deux ou trois ménagères suffiraient chaque jour, aidées par des enfants, à préparer les repas : au lieu d'acheter le bois, le charbon par fractions et de le payer le double (1) de sa valeur, l'association de mes ouvriers ferait, sous ma garantie (leurs salaires me garantiraient à mon tour), de grands approvisionnements de bois, de farine, de beurre, d'huile, de vins, etc., en s'adressant directement aux producteurs. Ainsi ils payeraient trois ou quatre sous la bouteille d'un vin pur et sain, au

(1) Nous avons dit que la voie de bois en falourdes ou cotrets revenait au pauvre à *quatre-vingt-dix francs*; il en est de même de tous les objets de consommation pris au détail, le fractionnement et le déchet étant à son désavantage.

lieu de payer douze et quinze sous un breuvage empoisonné. Chaque semaine, l'association achèterait sur pied un bœuf et quelques moutons, les ménagères feraient le pain, comme à la campagne : enfin, avec ces ressources, de l'ordre et de l'économie, mes ouvriers auraient, pour vingt à vingt-cinq sous par jour, une nourriture salubre, agréable et suffisante.

— Ah! tout s'explique maintenant, monsieur Agricol!

— Ce n'est pas tout, mademoiselle ; continuant le rôle du spéculateur au cœur sec, il se dit : — Voici mes ouvriers bien logés, bien chauffés, bien nourris, avec une économie de moitié ; qu'ils soient aussi bien chaudement vêtus ; leur santé a toutes chances d'être parfaite, et la santé, c'est le travail. L'association achètera donc en gros et au prix de fabrique (toujours sous ma garantie que le salaire m'assure), de chaudes et solides étoffes, de bonnes et fortes toiles, qu'une partie des femmes d'ouvriers confectionneront en vêtements aussi bien que des tailleurs. Enfin, la fourniture des chaussures et des coiffures étant considérable, l'association obtiendra un rabais notable de l'entrepreneur... Eh bien! mademoiselle Angèle, que dites-vous de notre spéculateur?

— Je dis, monsieur Agricol — répondit la jeune fille avec une admiration naïve — que c'est à n'y pas croire, et cela est si simple, cependant!

— Sans doute, rien de plus simple que le bien... que le beau, et ordinairement, on n'y songe guère... Remarquez aussi que notre homme ne parle absolument qu'au point de vue de son intérêt privé... Ne considérant que le côté matériel de la question... comptant pour rien l'habitude de fraternité, d'appui, de solidarité qui naît inévitablement de la vie commune, ne réfléchissant pas que le bien-être moralise et adoucit le caractère de l'homme, ne se disant pas que les forts doivent appui et enseignement aux faibles, ne songeant pas qu'après tout, *l'homme honnête, actif et laborieux a droit, positivement droit, à exiger de la société du travail* et un salaire proportionné aux besoins de sa condition ;... non, notre spéculateur ne pense qu'au produit brut ; eh bien ! vous le voyez, non-seulement il place sûrement son argent en maisons à cinq pour cent, mais il trouve de grands avantages au bien-être matériel de ses ouvriers.

— C'est juste, monsieur Agricol.

— Et que direz-vous donc, mademoiselle, quand je vous aurai prouvé que notre spéculateur a aussi un grand avantage à donner à ses ouvriers, en outre de leur salaire régulier, une part proportionnelle dans ses bénéfices !

— Cela me paraît plus difficile, monsieur Agricol.

— Écoutez-moi quelques minutes encore et vous serez convaincue.

En conversant ainsi, Angèle et Agricol étaient arrivés près de la porte du jardin de la maison commune.

Une femme âgée, vêtue très-simplement mais avec soin, s'approcha d'Agricol et lui dit :

— M. Hardy est-il de retour à sa fabrique, monsieur?

— Non, madame, mais on l'attend d'un moment à l'autre.

— Aujourd'hui peut-être?

— Aujourd'hui ou demain, madame.

— On ne sait pas à quelle heure il sera ici, monsieur?

— Je ne crois pas qu'on le sache, madame; mais le portier de la fabrique, qui est aussi le portier de la maison de M. Hardy, pourra peut-être vous en instruire.

— Je vous remercie, monsieur.

— A votre service, madame.

— Monsieur Agricol — dit Angèle lorsque la femme qui venait d'interroger le forgeron fut éloignée — ne trouvez-vous pas que cette dame était bien pâle et avait l'air bien ému?

— Je l'ai remarqué comme vous, mademoiselle; il m'a même semblé voir couler une larme dans ses yeux.

— Oui, elle avait l'air d'avoir bien pleuré.

Pauvre femme! peut-être vient-elle demander quelques secours à M. Hardy. Mais qu'avez-vous, monsieur Agricol? vous semblez tout pensif.

FIN DU SIXIÈME VOLUME.

TABLE DES CHAPITRES.

Chap. Ier. Les soupçons. 5
II. Les excuses 25
III. Révélations 47
IV. Pierre-Simon 69
V. L'Indien à Paris. 89
VI. Le réveil 109
VII. Les doutes. 131
VIII. La lettre 153
IX. Adrienne et Djalma. 175
X. Les conseils 195
XI. Le journal de la Mayeux 223
XII. Le journal de la Mayeux (suite) . 241
XIII. La découverte. 263
XIV. Le rendez-vous des loups 281
XV. La maison commune. 309
XVI. Le secret. 337

SOUS PRESSE, A LA LIBRAIRIE PAULIN, RUE RICHELIEU, 60.

EUGÈNE SUE

LE JUIF ERRANT

Illustré par Gavarni

GRAVURE PAR MM. BEST, LELOIR, HOTELIN ET REGNIER.

CONDITIONS DE LA SOUSCRIPTION.

Le JUIF ERRANT est publié en 80 livraisons à 50 c.

Chaque livraison de 16 pages grand in-8° est accompagnée, outre un grand nombre de dessins imprimés dans le texte, d'une grande gravure imprimée sur feuillet séparé.

L'ouvrage complet formera 4 volumes du prix de 10 fr. chacun.

Les premières Livraisons sont en vente.

En payant DIX FRANCS d'avance, on reçoit les livraisons *franco* à domicile, à Paris. — Chaque livraison, *par la poste*, coûte 60 centimes.

BIBLIOTHÈQUE DE POCHE,

Variétés curieuses des Sciences, des Arts, de l'Histoire et de la Littérature;

Par une Société de gens de lettres et d'érudits.

10 volumes in-18. Chaque volume contenant la matière de 2 volumes in-8° ordinaires.

Prix : 3 francs le volume.

1° Curiosités littéraires...	1 vol.
2° — bibliographiques...	1 vol.
3° — biographiques..	1 vol.
4° — historiques...	1 vol.
5° — des origines et inventions............................	1 vol.
6° — des beaux-arts et de l'archéologie................	1 vol.
7° — militaires..	1 vol.
8° — des langues, des proverbes, etc..................	1 vol.
9° — des traditions, légendes, mœurs, usages, etc.	1 vol.
10° — anecdotiques...	1 vol.
	10 vol

En Vente:

CURIOSITÉS LITTÉRAIRES.

Les volumes suivants paraîtront de mois en mois.

— PARIS, IMPRIMÉ PAR PLON FRÈRES, 36, RUE DE VAUGIRARD. —

www.ingramcontent.com/pod-product-compliance
Lightning Source LLC
Chambersburg PA
CBHW070900170426
43202CB00012B/2136